JN098631

法律事務所のサイバーセキュリティQ&A

八雲法律事務所 編著

中央経済社

はじめに

　昨今，連日のように「サイバー攻撃」や「サイバーセキュリティ」に関するニュースが報道されている。それだけサイバーリスクが身近なリスクとなっているといえる。

　法律事務所を取り巻く環境として，民事裁判手続等のIT化が進んでおり，刑事手続のIT化についても法務省「刑事手続における情報通信技術の活用に関する検討会」が2022年3月に報告書を取りまとめた。法律事務所の業務における電子データおよびITシステムの取扱いは今後飛躍的に増えていくことが予想される。そのため，もはや法律事務所としてもサイバーリスクは無縁ではない。

　2022年6月10日の日弁連定期総会において，「弁護士情報セキュリティ規程」（会規第117号）が成立し，2024年6月1日に施行された。各会員は，自らの職務において取り扱う情報の「情報セキュリティを確保するための基本的な取扱方法」を定める必要がある。多くの事務所が対応を進めているところであろう。

　もっとも，法律事務所，特に中小規模の法律事務所において，知見やリソースの観点から，適切なセキュリティ体制を構築・運用することは容易ではない。筆者自身，法律事務所を経営する立場であるから，よく理解できるところである。

　当事務所は，サイバーセキュリティを専門としており，具体的にはサイバー攻撃を受けた企業の有事対応支援および平時におけるサイバーセキュリティ体制の構築支援を専門に扱っている。この専門性と実務経験を踏まえ，中小規模の法律事務所として関心が高く，かつ，実践や導入が現実的なセキュリティ対策をQ&A形式でまとめたのが本書である。

　なお，サイバーリスクは目に見えないリスクであるし，技術的要素が複雑に関わるためか，セキュリティはとにかくわかりづらい，という声が少なくない。

　そこで，本書は正確性よりもわかりやすさを重視した。誤解をおそれずにいえば，正確性を犠牲にしてでもわかりやすさを目指した点にご留意いただきた

い。

　中小規模の法律事務所において，サイバーリスクを理解し，最初の一歩を踏み出してもらうための1冊，それが本書のコンセプトである。

　本書が中小規模の法律事務所のサイバーセキュリティ向上の一助となれば幸甚である。

　2024年4月

筆者代表

山岡裕明

目　　次

第6章 —— サイバーインシデント別の対応方法

第7章 —— サイバー保険

第8章——有事対応上の留意点 *153*

凡　例

【法令の略称】

略称	正式名称
個情法	個人情報の保護に関する法律（平成15年法律第57号）
個情法施行規則	個人情報の保護に関する法律施行規則（平成28年個人情報保護委員会規則第3号）

【関係文書の略称】

略称	正式名称
個情法ガイドライン（通則編）	個人情報保護委員会「個人情報の保護に関する法律についてのガイドライン（通則編）」（平成28年11月，令和5年12月一部改正）
個情法QA	個人情報保護委員会「「個人情報の保護に関する法律についてのガイドライン」に関するQ&A」（平成29年2月16日，令和6年3月1日更新）

【その他組織等の略称】

略称	正式名称
IPA	独立行政法人情報処理推進機構
JPCERT/CC	一般社団法人JPCERTコーディネーションセンター

【用語の略称】

略称	正式名称
日弁連	日本弁護士連合会
弁護士等	弁護士，弁護士法人，外国法事務弁護士，外国法事務弁護士法人および弁護士・外国法事務弁護士共同法人

【文献】

略称	正式名称
日弁連・解説	日本弁護士連合会弁護士業務における情報セキュリティに関するワーキンググループ編『解説　弁護士情報セキュリティ規程』（2023年3月）
日弁連・取扱方法	日本弁護士連合会『情報セキュリティを確保するための基本的な取扱方法について』（2023年3月）
日弁連・入門	日本弁護士連合会編『弁護士のための情報セキュリティ入門』（2024年3月）

第1章

セキュリティ全般

Q1-1 日弁連の弁護士情報セキュリティ規程とは何ですか？

A 弁護士等が情報セキュリティに関して遵守すべき通則的な規範です。個々の弁護士等に対し，実情に応じたセキュリティ対策のルール（基本的な取扱方法）の策定を義務づけるとともに，安全管理措置等を講じることを義務づけています。

解説………………………………………………………………………………

1 弁護士情報セキュリティ規程の内容

弁護士情報セキュリティ規程（以下「本規程」といいます）とは，情報セキュリティに関して弁護士等が遵守すべき通則的な規範を定めるものです。本規程の施行日は，令和6年6月1日です[1]。

本規程において，弁護士等に課せられる義務の概要は以下のとおりです。

①	「基本的な取扱方法」を策定する義務	本規程3条
②	安全管理措置を講じる義務	本規程4条
③	情報のライフサイクル管理を行う義務	本規程5条
④	安全管理措置・情報のライフサイクル管理の方法について点検および改善に努める義務	本規程6条
⑤	漏えい等事故が発生した場合に必要な措置を講じる義務	本規程7条

2 「基本的な取扱方法」の策定義務（本規程3条）

弁護士等には，取扱情報の種類，性質等に応じた情報セキュリティに対する危険を把握し，所属する法律事務所等の規模および業務の種類，態様等に応じ

---

1 本規程附則

て，取扱情報の情報セキュリティを確保するための「基本的な取扱方法」を定める義務が課せられます（上記①）。

　この点，法律事務所等の規模，取り扱う業務の種類等によってセキュリティリスクは異なることから，本規程においては，各自の「基本的な取扱方法」に盛り込むべき項目の枠組みだけが提示されており，具体的な事項については，各弁護士等が定めるものとされています。

　項目としては，上記②の安全管理措置の具体的内容，上記③の情報のライフサイクル管理の方法，上記④の点検および改善の方法ならびに上記⑤の事故が発生した場合の対応の方法を盛り込むよう配慮することが求められています（本規程3条3項）。

　日弁連は，「基本的な取扱方法」について，弁護士1人の法律事務所用の例と，弁護士複数の法律事務所用[2]の例を公開していますので[3]，「基本的な取扱方法」を定めるにあたっては，これらの例を参考にすることが有用です。

　なお，これらの例においても，上記②〜⑤について，それぞれ項目を設ける形式が採用されています。

　「基本的な取扱方法」は，本規程の施行日である令和6年6月1日までに定める必要があり，同日までに定めていなかった場合は，会規違反の状態になります。

　実際に懲戒の対象となるかどうかは個別の事情に即して判断されることになりますが，万が一漏えい等事故が発生した場合には「基本的な取扱方法」を定めなかったことが，不利な事情として斟酌されることになるものと考えられます[4]。

3　安全管理措置を講じる義務（本規程4条）

　弁護士等には，管理体制を整備し，安全管理措置を講じる義務が課せられます。各弁護士等が実施する安全管理措置は，所属する法律事務所等の実情に

2　弁護士が複数名所属する法律事務所においては，弁護士単位ではなく事務所単位で「基本的な取扱方法」を定めることが現実的な対応となります（日弁連・解説13頁）。

3　日弁連・取扱方法4頁以下

4　日弁連・解説12頁

よって様々なレベルが想定されることから，本規程で具体的に定められてはいません。

　本規程に基づき弁護士等が定めるべき安全管理措置は，大枠，次の4つに分類されます。弁護士等は，この4つの視点から，実情に合った具体的対策を個別に検討する必要があります[5]。

分類	目的	具体例[6]
組織的安全管理措置	役割分担と責任を明確化し，ルールを整備運営する等の体制整備	情報セキュリティ管理者の設置，事務所外の弁護士と共同受任する場合における情報の取扱方法の整備等
人的安全管理措置	弁護士等・事務職員等による人的ミスの防止	情報セキュリティに関する情報の収集，研修・訓練等への参加，無許可での事務職員等の情報の持ち出しの禁止等
物理的安全管理措置	盗難やのぞき見の防止	第三者が単独で取扱情報が保管されている部屋に入室することの禁止，入退室確認，格納庫の用意，執務スペースの施錠等
技術的安全管理措置	業務に使用する情報通信機器の安全性の確保	多要素認証の利用，ソフトウェア等のアップデート・更新，アクセス制御の実施，ファイアウォールの設定，セキュリティ対策ソフトのインストール，通信の暗号化および秘匿化等

　個情法ガイドライン（通則編）170頁以下および個情法QA80頁以下においては，個情法23条に基づく安全管理措置について同様に4つに分類がされています。これらには，当該分類に基づく安全管理措置の具体例が挙げられていますので，参考にするのも有用です。

　また，本書第2章～第5章では，製品・サービス別のセキュリティについて紹介していますので，技術的安全管理措置を検討するにあたって参考にしてください。

5　日弁連・解説16頁
6　日弁連・取扱方法16～21頁参照

4　情報のライフサイクル管理を行う義務（本規程5条）

　弁護士等には，取扱情報の作成，取得，保管，利用，提供，運搬，送信および廃棄の各段階で，情報セキュリティが確保されるよう取扱情報を取り扱う義務が課せられます。

【図表1】情報のライフサイクル

| 取扱情報の **作成・取得** | 取扱情報の **保管・利用** | 取扱情報の **提供・運搬・送信** | 取扱情報の **廃棄** |

　具体的な対策例としては，以下のようなものが考えられます。

情報のライフサイクルの段階	具体的な対策の一例[7]
取扱情報の作成・取得	電子メールを受信するコンピュータまたはソフトウェアに対し，あらかじめマルウェア[8]等による攻撃を防ぐためのソフトウェア等の適用を行う（電子メールの具体的なセキュリティ対策は本書第3章参照）。
取扱情報の保管・利用	クラウドストレージ等の外部サービスを用いて電子データを取り扱うときは，当該外部サービスの信頼性を吟味し，外部サービスの利用による守秘義務違反を招かないよう注意する（クラウドストレージサービスを利用する際の注意点については本書第5章参照）。

7　日弁連・取扱方法21〜27頁参照
8　マルウェアとは，「Malicious Software」（悪意のあるソフトウェア）を略したもので，さまざまな脆弱性や情報を利用して攻撃をするソフトウェア（コード）の総称です。（コンピュータ）ウイルスとほぼ同じ意味で使われますが，厳密にはさらに広義な用語として使われることがあります。同一の機能を持つと思われるソフトウェアについて，引用する文献・媒体ごとにウイルスと記載されていることがあればマルウェアと記載されていることもあり，本書において厳密に使い分けたりどちらかに統一して記載することは困難でした。そこで本書においては，両者を便宜上同じものとして併用していることにご留意ください。

取扱情報の 提供・運搬・送信	ファイルの送信は原則としてクラウドストレージサービスを用いて行う。電子メールに添付して送信する場合は，パスワードを設定したうえで，電子メール以外の別の方法でパスワードを伝達する（電子ファイルの安全な送付方法については本書第3章参照）。
取扱情報の 廃棄	消去ソフトウェアの利用，破壊処理等により復元不能な方法で破壊または消去する。

5　点検および改善をするよう努める義務（本規程6条）

　弁護士等には，「基本的な取扱方法」で定めた情報セキュリティ対策について，点検および改善の努力義務が課せられます。

　通信技術の発展に伴い情報セキュリティリスクは日々変化することから，古くなった電子機器はマルウェアからの攻撃に対して脆弱です。そのため，情報セキュリティ対策の点検と改善は必要不可欠です。

　点検は，形式的・画一的なものではなく，情報漏えい等の危険が高い項目について集中して行う等，リスク評価を前提として計画を策定し実行することが現実的でしょう。具体的には，「基本的な取扱方法」で定めた安全管理措置や情報のライフサイクル管理が実際に行われているかについて点検項目をリスト化したうえで，サーバ等の共用設備，弁護士等や事務職員等が使用しているパソコン等の電子機器を点検する等の対応をとることが考えられます[9]。また，点検で発見した問題点について，物理的・技術的な改善を行うことは当然ですが，「基本的な取扱方法」の改訂が必要な場合もありえます[10]。

9　日弁連・解説19頁
10　日弁連・解説20頁

6　漏えい等事故が発生した場合に必要な措置を講じる義務(本規程7条)

　弁護士等には，取扱情報の漏えいや滅失，毀損事故等が発生した際に，その影響範囲の把握に努めたうえで，被害の拡大防止，原因調査，再発防止策の検討その他の措置を講じる義務が課せられます。

　本書第6章ではサイバーインシデント別の対策について，本書第8章では有事対応について，それぞれ具体的に紹介をしているので，必要な措置を講じるにあたって参考にしてください。

Q1-2 サイバーセキュリティの基本的な考え方は何ですか？

A サイバーセキュリティにおける基本的な考え方として，多層的防御（Defense in Depth）という概念があります。
これは，サイバーリスクを完全に抑止するための単一かつ完璧なセキュリティ対策は存在しないということを前提として，1つの対策が攻略されても次の対策で阻止する，というように多層的に対策を講じることの重要性を示す考え方です。

解説··

　サイバーセキュリティにおいては，サイバーリスクを完全に抑止するための単一かつ完璧なセキュリティ対策は存在しません。

　弁護士業務においては，パソコン，サーバ，スマートフォンといった機器やメール，チャット，クラウドといったサービスなどの多種多様な情報資産を活用しています。その全領域をカバーしてくれる万能のセキュリティ対策は存在しないというのは想像に難くないでしょう。

　また，サイバー空間には，明確な悪意をもった攻撃者が存在し，攻撃者は豊富な知識・時間・予算をもって徹底的に攻撃を仕掛けてきます。たとえば，メールでウイルスを送り付ける攻撃者がいたとして，攻撃対象がウイルス対策ソフトをもって対策をしていることに気づくと，自らもウイルス対策ソフトを購入して解析し，当該ソフトでは検知できないウイルスを作成することも難しくありません。

　そこで，サイバーセキュリティにおいて重要な概念となるのが多層的防御です。

【図表1】 サイバーセキュリティにおける多層的防御の一例

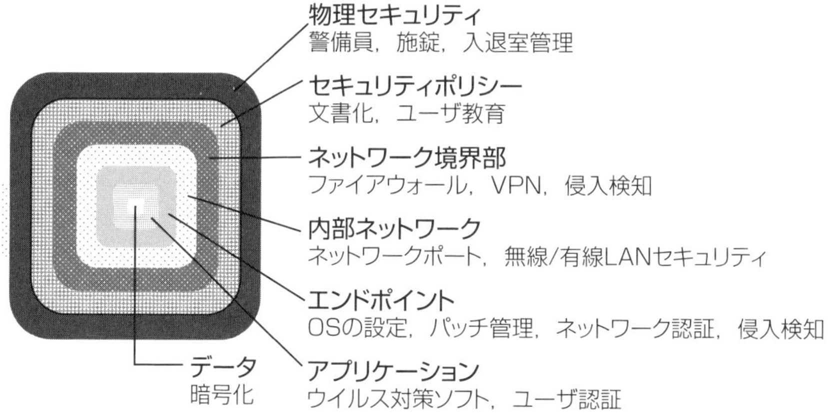

物理セキュリティ
警備員，施錠，入退室管理

セキュリティポリシー
文書化，ユーザ教育

ネットワーク境界部
ファイアウォール，VPN，侵入検知

内部ネットワーク
ネットワークポート，無線/有線LANセキュリティ

エンドポイント
OSの設定，パッチ管理，ネットワーク認証，侵入検知

データ
暗号化

アプリケーション
ウイルス対策ソフト，ユーザ認証

　多層的防御とは，元来，軍事戦略上の概念であり，外敵の侵入を検知，撃退，反撃すべく幾重にも防御層を構築するというものです。サイバーセキュリティにおいても，この多層的防御の概念が応用されており，単一かつ完璧な対策は存在しないとの理解の下，１つのセキュリティ対策が攻略されても次の対策で阻止する，その対策が攻略されても次の対策で阻止する，というように多層的にセキュリティ対策を構築することが肝要となります。

　たとえば，米国のサイバーセキュリティ・インフラストラクチャセキュリティ庁（Cybersecurity and Infrastructure Security Agency 。通称「CISA」といいます）が2016年９月に公表した「推奨プラクティス：多層的防御戦略による産業用制御システムのサイバーセキュリティの改善」という文書は，「残念ながら，サイバーセキュリティ上の弱点を解決するための近道，簡単な解決策，または『特効薬』はありません」としつつ，サイバーセキュリティには「多層的防御として知られる多層的なアプローチが必要です」と紹介しています[11]。

　弁護士の立場としては，日々の法律業務に追われているため，サイバーセキュリティについて可能な限り簡単な対策を求めたくなるのは自然なことだと

11　CISA 2016年９月付 "Recommended Practice: Improving Industrial Control System Cybersecurity with Defense-in-Depth Strategies" 2頁

思います。

　しかしながら，日弁連・解説の「発刊にあたって」に記載されているとおり，「弁護士という職業は，個人や企業等の依頼者の秘密を扱う職業です。弁護士が依頼者の秘密を含む情報を漏らしたり，失ったりしないことについての社会からの信頼がなければ，この職業は成り立ちません。情報の適切な取扱いは，弁護士という職業の基盤をなしています」。

　弁護士としての職業の基盤を守るために，「これだけやっておけば十分だろう」，「簡単かつ完璧なセキュリティ対策だけを知りたい」といった気持ちを抑えて，多層的にセキュリティ対策を実施することが肝要です。

Q1-3　法律事務所が特に留意すべきサイバーリスクは？

A サイバーリスクには多種多様なものがありますが，弁護士等には秘密保持義務が課せられていること，弁護士等は日々の業務の過程において大量かつ機密性の高い情報を電子データの形式で取り扱っていること，電子データを窃取するサイバー攻撃が多いことから，電子データの漏えいには特に留意する必要があります。

解説‥‥‥‥‥‥‥‥‥‥‥‥‥‥‥‥‥‥‥‥‥‥‥‥‥‥‥‥‥‥‥‥‥‥‥‥‥‥

1　サイバーリスクとは

　「サイバーリスク」について定まった定義は見当たりませんが，サイバー攻撃，システム上の不具合，従業員等の業務上のミス等から生じる情報の漏えいや利用制限，サプライチェーンへの悪影響（相手先システムの損壊や営業停止等）等のほか，それらを要因とする費用や損害賠償責任の発生，信用の失墜，売上の減少等の様々なリスクが含まれます[12]。

　サイバーリスクが顕在化すると情報の漏えい，滅失，毀損および暗号化により，有形・無形の様々な被害が生じます。

2　電子データの漏えい

　弁護士には，秘密保持義務が課せられていますので（弁護士法23条，弁護士職務基本規程18条および23条），情報の取扱いには細心の注意を払わなければなりません。秘密保持義務に違反した場合，故意がなくても，損害賠償を請求されたり，懲戒請求を受けたりする可能性があります。また，違反した個々の

12　牛窪賢一「サイバーリスクとサイバー保険－米国の動向を中心として－」損保総研レポート116号（2016）3頁参照
　　https://www.sonposoken.or.jp/media/reports/sonposokenreport116_1.pdf

弁護士の信用が失墜するだけではなく，弁護士全体に対する信用の失墜にもつながることが考えられます。

　そして，弁護士は，情報をWordファイル，PDFファイル，Excelファイルといった電子データの形式で取り扱っています。

　そのため，電子データを漏えいさせないように留意する必要性は高いといえます。

　しかも，弁護士は，犯罪歴，犯罪被害者の情報，病歴，障害の有無，企業秘密，インサイダー情報等の機密性の高い情報を取り扱うことが多いため，深刻な結果を招きやすいといえます。

　また，電子データは，紙媒体の情報と比べ，複製が容易であることから，いったん漏えいした場合には，インターネット等を通じて全世界に拡散され，削除や回収が困難となる事態も想定されます。

　弁護士が紙媒体で情報を保管している場合，事務所内で保管している紙媒体の記録をすべて窃取することは，物理的に容易ではないと思われます。しかし，電子データの複製および送受信は容易であることから，不正アクセスがなされた場合，弁護士が保存している電子データをネットワークにつながっている範囲で大量に窃取することは容易に行われます。

　そのため，電子データは紙媒体の情報と比べて，漏えいの対象が広範囲にわたる危険性が高いといえます。

　したがって，法律事務所として特に留意すべきサイバーリスクは，電子データの漏えいといっても過言ではないでしょう。

　なお，IPAに寄せられた不正アクセスの被害内容としても，「データの窃取・盗み見」の数が多く，情報の漏えい被害に遭う可能性が高いことがわかります。

【図表１】被害内容別件数

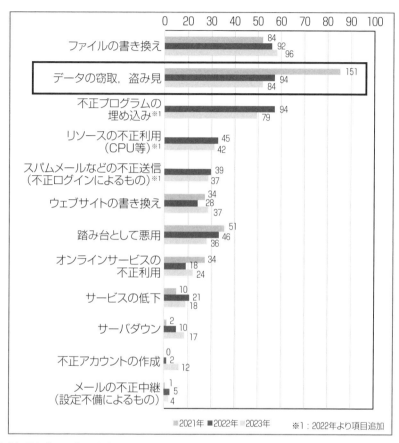

■2021年 ■2022年 ■2023年　　※1：2022年より項目追加

（出典）IPA「コンピュータウイルス・不正アクセスの届出状況　2023年（1月～12月）」（令和6年2月19日）12頁
https://www.ipa.go.jp/security/todokede/crack-virus/ug65p9000000nnpa-att/2023-report.pdf

3　裁判手続のオンライン化との関係

　昨今，Microsoft Teams（以下「Teams」といいます）のウェブ会議システムを利用して，オンラインで期日における手続を実施することが一般的になっ

ています[13]。Teamsは，事前に登録したメールアドレスとパスワードを用いてアカウントにログインすることにより利用をすることができます。裁判官によっては，ウェブ会議システムを利用するだけではなく，チャット機能を用いて期日メモや争点整理の結果を投稿したり，当事者に対して証拠や参考資料のアップロードを指示したりすることがあります。

　そのため，仮に，Teamsのアカウントに不正にログインをされた場合，Teams上に投稿またはアップロードされた情報の漏えいが発生する等のリスクがあります。

　また，当事者双方に訴訟代理人が選任され，双方の訴訟代理人が民事裁判書類電子提出システム（通称：mints。以下「mints」といいます）の利用を希望する民事事件において，mintsの運用が開始されています[14]。mintsも，事前に登録したメールアドレスとパスワードを用いてアカウントにログインすることにより利用することができます。mintsを利用することによって，準備書面や書証等[15]をオンラインで裁判所に提出することが可能です（民事訴訟法132条の10第1項）。

13　民事訴訟法の改正によって，弁論準備手続の遠隔地要件および「当事者の一方がその期日に出頭した場合に限る」との要件が廃止されたため，当事者双方がウェブ会議を利用して弁論準備手続の期日に参加することが可能となっています（民事訴訟法170条3項）。また，ウェブ会議の方法により，口頭弁論期日における手続を行うことも可能となっています（民事訴訟法87条の2）。

14　令和4年4月から徐々にmintsの運用を始める裁判所が増えていき，令和6年3月時点では，すべての地方裁判所および高等裁判所の本庁および支部において，mintsの運用が開始されています。最高裁判所「民事裁判書類電子提出システム（mints）について」https://www.courts.go.jp/saiban/online/mints/index.html

15　民事訴訟法第百三十二条の十第一項に規定する電子情報処理組織を用いて取り扱う民事訴訟手続における申立てその他の申述等に関する規則1条1項

【図表2】 mintsのログイン画面

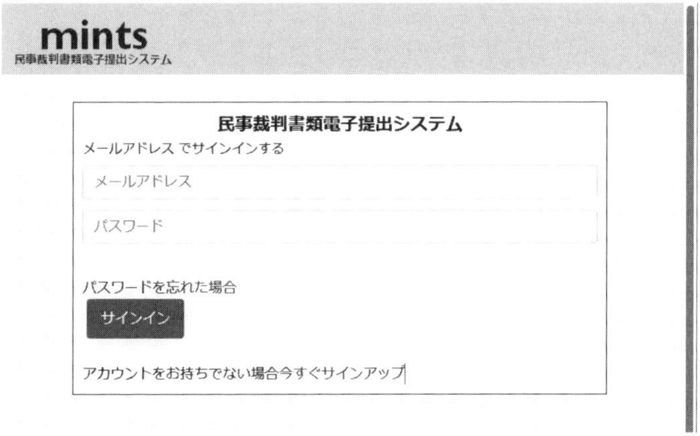

そのため，仮に，mintsのアカウントに不正にログインをされた場合，mints上にアップロードされた情報の漏えいだけでなく，当事者が意図しない書面を提出させられるリスクがあります。

　今後は，民事訴訟法の改正により，訴訟代理人が裁判所に書面を提出する場合[16]，オンラインで行うことが義務化されます（令和4年法律第48号による改正後の民事訴訟法132条の11第1項1号）。また，刑事手続についても，弁護人が裁判所に書面を提出する場合，オンラインで行うことを義務化する方針で刑事訴訟法の改正に向けた動きが進められています[17]。

　現在mintsを使用していない弁護士であっても，今後は，裁判所に書面を提出するために，オンラインシステムの利用を避けられません。不正にログインをされて電子データを窃取されないよう対策をすることが肝要です。

16　準備書面，書証の写し，証拠説明書等のファクシミリにより裁判所に提出することができる書面だけではなく，訴状等についてもオンラインで提出することになります（改正後民事訴訟法132条の10）。

17　法務省「法制審議会第199回会議（令和6年2月15日開催）」配布資料「要綱（骨子）」第1-1　3(1)ア，エ
　　https://www.moj.go.jp/content/001413269.pdf

Q1-4 サイバーセキュリティについて優先的に対応すべき事項はありますか？

A 優先的に対応すべき事項としては，多要素認証の導入が挙げられます。

解説……………………………………………………………………………………

1 認証情報とは

　パソコンやスマートフォンなどの端末を利用する際や，インターネット上のサービスを利用する際に，端末やサービスに係る利用権限を有する利用者であることを識別するために用いる情報を「認証情報」といいます。

　「認証情報」としては，利用者ごとに割り振られたIDと利用者自身が知っているパスワードとを組み合わせたものが一般的です。

2 認証情報の重要性

　業務のIT化・DX化の推進に伴い認証情報が必要とされる場面が増えています。パソコンにログインするための認証情報，会社のネットワーク内のサービスにリモートアクセスするためのVPN[18]やRDP[19]を利用するための認証情報，ファイル共有サービスやウェブ会議サービスを利用するための認証情報，ネットバンクにアクセスするための認証情報などです。これらは法律事務所においても同様に当てはまるでしょう。

　サイバーセキュリティの観点からみると，不適切な設定・管理が原因で認証

18　Virtual Private Networkの頭文字をとった略語で，仮想プライベートネットワークとも訳されます。特定のユーザのみが利用できる仮想ネットワークを構築し，通信内容を暗号化することで，通信のセキュリティと匿名性を高める技術の1つです。

19　Remote Desktop Protocol（リモートデスクトッププロトコル）の略語で，コンピュータをリモートで使用するためのプロトコルまたは技術的な規格をいいます。

情報が第三者に入手されることは，致命的なセキュリティリスクを意味します。認証情報を悪用した攻撃は，アカウント内に保存された電子データをすべて窃取できるため甚大な被害が生じるからです。

　しかも，第三者に認証情報を奪われてしまうと，簡単にアカウントに不正アクセスされてしまうことになるため，仮に法律事務所としてセキュリティ製品に多額の投資をして，ファイアウォール，ウイルス対策ソフト，EDR（Endpoint Detection and Response）といったセキュリティ製品を導入していたとしても，そのセキュリティ効果は限定的になってしまいます。

　そのため，認証情報はサイバーセキュリティを確保するうえで極めて重要な役割を担っているといえます。

3　認証情報を用いた不正アクセス

　サイバー攻撃と聞くと，高度な技術力を伴った攻撃を連想するためか，どこか弁護士業務や法律事務所とは無関係に聞こえるかもしれません。

　ところが，認証情報を悪用した攻撃は，入手した認証情報をそのまま入力するだけであり，高度な技術力は必要ありません。換言すれば，誰でも実行でき，かつ誰でも被害を受けうる攻撃といえます。

　実際に，認証情報を悪用した攻撃は，サイバー被害の中でも非常に多い状況にあります。

　たとえば，警察庁の発表[20]によると，令和5年上半期における不正アクセス禁止法違反の検挙件数521件のうち，475件（91.2％）が，他人の識別符号（同発表内において認証情報を意味します）を無断で入力する識別符号窃用型です。

　しかも，前記のとおり，認証情報を悪用した攻撃は，アカウント内に保存された電子データをすべて窃取できてしまうため甚大な被害が生じます。

　攻撃の容易性，被害の多さおよびその甚大さを考慮すると，多種多様なサイバーセキュリティ対策の中でも最優先で対応すべきはこの認証情報についての

20　警察庁（2024年3月14日付）「令和5年におけるサイバー空間をめぐる脅威の情勢等について」6頁
　　https://www.npa.go.jp/publications/statistics/cybersecurity/data/R5/R05_cyber_
　　jousei.pdf

対策といっても過言ではないでしょう。

　そして，認証情報についての対策としては多要素認証の導入を推奨します。

4　多要素認証とは

　多要素認証とは，要素が異なる認証情報を2つ以上組み合わせて認証を行うことを指します。

　ここで，認証情報は，その情報の要素の違いにあわせて3つに分類されています。その3つとは，①記憶情報，②所持情報，③生体情報です。各認証情報の詳細は以下のとおりです。

　①記憶情報とは，利用者が記憶している情報のことです。パスワードは記憶情報の1つです。

　②所持情報とは，利用者が物理的に所持や管理をしているものに関する情報のことです。所持情報を用いた認証の典型例としては，所持しているスマートフォンにSMS（ショートメッセージサービス）で送られてくるワンタイムパスワード（一時的にしか使用できないパスワード）の入力をもって利用を許可するというものがあります。

　③生体情報とは，利用者の身体に関する情報のことです。生体情報を用いた認証の典型例としては，利用者の指紋や顔などの情報を認証情報として登録したうえで，登録した情報に合致する指紋や顔が確認できた場合に利用を許可するというものがあります。

　多要素認証の一例として，初めに①記憶情報であるパスワードを入力させた後で，利用者本人が所持しているスマートフォンにワンタイムパスワード（②所持情報）を通知し，そのワンタイムパスワードを入力することでサービスが利用できるようになるといった認証方法を挙げることができます。

【図表１】多要素認証のイメージ

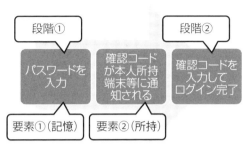

（出典）IPA「不正ログイン対策特集ページ」2023年９月29日最終更新
https://www.ipa.go.jp/security/anshin/measures/account_security.html

5　多要素認証の有効性

　多要素認証は上述したとおり，要素が異なる２つ以上の認証情報を用いて認証を行います。仮に，①記憶情報であるパスワードだけで認証をしていた場合，そのパスワードが誰かに知られたり，推測されてしまったりすると，認証を突破されてしまうことになります。

　多要素認証を用いると，仮に①記憶情報であるパスワードを第三者に知られてしまったとしても，②所持情報や③生体情報を第三者が持っていない限りは認証を突破されることはありません。第三者からすれば，認証情報を１つだけ取得すること（たとえば，パスワードを推測して当てる等）に比べれば，複数の要素の認証情報をすべて揃える（たとえば，使用しているパスワードとあわせて利用者が所持しているスマートフォンを取得する等）にはかなりの手間がかかります。そのため，多要素認証は単一の要素しか認証に用いない場合と比べて強度がかなり高いといえます。

　多要素認証については，認証の際に手間が発生するという点でのデメリットはありますが，そのデメリットと引き換えに認証を突破されるリスクを大きく減らすことができます。インターネット上のサービスなどを利用する際には，多要素認証の設定が可能なものが多くなっています。そのため，重要な情報を取り扱うサービスにおいては多要素認証の設定をすることで簡単にセキュリティレベルを強化することができます。

6 弁護士業務における多要素認証の具体例

多要素認証については，弁護士業務の中でも実際にいくつかのサービスにおいて用いられています。いかにアカウントの不正アクセスを防止する必要性が高く，その対策として多要素認証がいかに有用であるかということの表れともいえるでしょう。

その1つが，民事訴訟における弁論準備手続として実施される「Teams」を用いたウェブ会議です。

Teamsを利用して裁判所とウェブ会議をするうえでは，まずTeamsにログインをする必要があります（なお，Teamsにおけるアカウントの作成や多要素認証の設定等の事前準備については完了している前提としています）。

Teamsにサインインをしようとすると以下のようにパスワードの入力を求められます（【図表2】参照）。

【図表2】 Teamsへのサインイン①

この画面において認証情報として登録したパスワードを入力すると，次にMicrosoftの認証アプリである「Microsoft Authenticator」に，表示された番号を入力することが求められます（【図表3】参照）。

【図表3】Teamsへのサインイン②

　このとき，利用者が持っている端末上の「Microsoft Authenticator」には，以下のような画面が表示されています（【図表4】参照）。

【図表4】Teamsへのサインイン③

　利用者が所持している端末の「Microsoft Authenticator」に，【図表3】で表示された数字（「25」）を入力するとTeamsにサインインして，ウェブ会議に参加することができるようになります。

　以上がTeamsを用いたウェブ会議における多要素認証の実際の流れです。

　多要素認証は，すでに導入されているmintsにおいても利用されています。

Q1−5 脆弱性とは何ですか？ セキュリティ対策としてアップデートが推奨されるのはどうしてですか？

A ソフトウェアはソースコードから構成されるところ，このソースコードはソフトウェアの設計図ともいえます。設計図において設計ミスが存在するのと同様にソースコードにもミスが生じることがあります。このミスのうちセキュリティリスクにつながりかねないものを脆弱性といいます。そして，この脆弱性を修正するものがアップデートです。アップデートをしないと脆弱性が存在するソフトウェアを利用し続けることになるためサイバー攻撃を受けやすい状態となります。そのため，速やかなアップデートが推奨されます。

解説‥‥‥

1 脆弱性とは

　パソコン，サーバ，スマートフォンに内在するOS，ソフトウェアやアプリは【図表1】のようなソースコードから構成されます。

【図表1】ソフトウェアを構成するソースコードの一例

ソフトウェアにおけるソースコードを建物における設計図とたとえると理解がしやすいと思います。

　設計士がうっかり設計図上に設計ミスを生じさせると，当該設計図に基づいて建築された建物には欠陥が生じます（【図表2】参照）。

【図表2】設計ミスに起因した欠陥から侵入される一例

天井の設計ミス

ソースコードを記述する開発者が意図せず生じさせたソースコード上の設計ミスのうちセキュリティリスクにつながりかねないものを「脆弱性」（ぜいじゃくせい）といい

ます。

　建物の設計図に設計ミスがある結果，建物の天井に穴が空いていたとすると，泥棒がその穴から建物に侵入することが可能となります。それと同様に，ソースコードに脆弱性が存在すると，セキュリティ上のリスクが生じます。たとえば，攻撃者は，正規のID・パスワードを知らなくてもアカウントにログインできたり，そもそもログインをしなくてもアカウント内の情報を外部から抜き取ったりすることが可能になります。

2　アップデートの意義

　開発者がソフトウェアをリリースした後に当該ソフトウェアに存在する脆弱性を発見し，当該脆弱性を修正することがいわゆるアップデートで，アップデート版のソフトウェアのリリースを通知するのがいわゆるアップデート通知です。

　このアップデート通知を自動車でたとえると，販売した自動車に欠陥があることが判明したため，修理が必要であることの注意喚起をするリコール通知のようなものです。

　たとえば，【図表3】はiPhoneのアップデート通知です。iPhoneのユーザとしては，頻繁に目にするものの，その内容を丁寧に読む込むユーザは多くないでしょう。

　ここで内容を確認すると，「ソフトウェア・アップデート」というタイトルのもと，「iOS 11.2.2にはセキュリティアップデートが含まれ」るという記載があります。すなわち，1つ前のバージョンである「iOS 11.2.1」には脆弱性が存在したことが発見され，Apple社がその脆弱性について対策を施したのがこの「iOS 11.2.2」になります[21]。

21　なお，この「iOS 11.2.2」をApple社の公式サイトで調べると，「iOS 11.2.2では，SafariやWebKitのセキュリティが強化され，Spectre（CVE-2017-5753 および CVE-2017-5715）の影響が軽減されます」との記載があり，この「CVE-2017-5753」を調べると，「CPU に対してサイドチャネル攻撃を行う手法が複数の研究者によって報告されています」という情報が見つかります。
https://support.apple.com/ja-jp/103648
https://vrda.jpcert.or.jp/feed/ja/JVNiPedia_JVNDB-2018-001001_AD_1.html

【図表 3】アップデート通知の一例

3　アップデートの重要性

　アップデート通知が届いているのにアップデートをしないということは，脆弱性があるソフトウェアを使い続けていることを意味します。上記の自動車の例でいうと，リコールの対象になっているのに修理をしないまま当該自動車に乗車し続けるようなものです。

　しかも，当該通知については，攻撃者も当然確認しています。そのため，攻撃者は，アップデートをしていないソフトウェアの利用者を見つけて容易に攻撃をすることが可能となります[22]。

　したがって，アップデート通知が届いた場合には，速やかにアップデートを実施して，脆弱性について対策を施すことが重要といえます[23]。

22　アップデート通知よりも前に脆弱性を見つけて加えられる攻撃を「0 Day（ゼロデイ）攻撃」といいます。

23　ソフトウェアを早急にアップデートすることで，他のシステムとの整合性に不具合が生じたり，動作が遅くなったりすることがありますが，本書の想定読者である中小規模の法律事務所においては複雑なシステム構成ではないことを前提として，セキュリティリスクと不具合によって生じるデメリットを比較すると，早急なアップデートを推奨します。

Q1-6 法律事務所が実際にサイバー攻撃を受けた事例はありますか？

A 国内の法律事務所がEmotetというメール経由で送付されるマルウェアに感染した事例があります。米国においてはさらに多くの被害事例が確認されています。

解説

1 国内の事例

　国内における代表的な被害事例として，Emotetというメール経由で送付されるマルウェアによる被害があります。Emotetの詳細は本書Q6-2およびQ6-3のとおりですが，主な被害として，メールに添付された不正なファイルを開封してプログラム（マクロともいいます）を有効化するとマルウェアの感染が始まり，メールソフト内のメール本文やアドレス帳に保存されたメールアドレスが窃取されたり，パソコン内のブラウザに保存された認証情報（IDおよびパスワード）が窃取されたりします。

　2020年，Emotetの感染被害が拡大した際に，日弁連の会員サイトにおいて，「『Emotet』と呼ばれるコンピュータウイルスに関する注意喚起」が掲載され，2022年にも「『Emotet』と呼ばれるコンピュータウイルスの感染再拡大に関する注意喚起」が掲載されました。

　これらの時期に，複数の法律事務所のウェブサイト上にて，Emotetに感染した可能性があることの報告と注意喚起が掲載されていました。

2 米国の事例

　米国法曹協会（American Bar Association。通称「ABA」）が発行する「The ABA CYBERSECURITY HANDBOOK THIRD EDITION」[24]によると，以下

24　31頁以下。

のとおり米国の法律事務所におけるランサムウェア被害が報告されています（ランサムウェアの詳細については本書Q6-6およびQ6-7を参照ください）。

- 2020年5月，ニューヨークにあるエンターテインメント分野で著名な法律事務所がランサムウェア攻撃を受けて電子データが暗号化されるとともに合計756ギガバイトの電子データが窃取された。同データには，依頼者である著名人に関係する契約書や個人情報が含まれていた。Sodinokibiと呼称される攻撃者集団は，窃取した電子データの一部を公開しつつ，当初＄2,100,000を要求したとされている。
- Mazeと呼称される攻撃者集団は，2021年，南ダコタ州の3つの小規模法律事務所にサイバー攻撃を加え，身代金を要求した。また，テキサス州の法律事務所に対してもサイバー攻撃を加えて，同事務所から窃取した電子データを公開した。
- 2020年10月，シカゴにある法律事務所は，「高度に洗練され，かつ獰猛なランサムウェア攻撃」を受けたと公表し，一時的に法律事務所のほとんどのシステムが停止に追い込まれた。
- 2022年前半，テキサス州の5つの法律事務所がランサムウェア攻撃を受けて，これらの法律事務所から窃取された電子データが公開された。

　以上のとおり，法律事務所が実際にサイバー攻撃を受けた事例は存在します。
　法律事務所，特に中小規模の法律事務所としても，サイバーリスクは無縁ではないことを念頭に，適切なサイバーセキュリティ対策を講じる必要性は高まっています。

第**2**章

スマートフォンのセキュリティ

Q2-1 スマートフォンにおける典型的な リスクは？

A スマートフォンはパソコンと同様に，不正アプリ（マルウェア）に関するリスクに注意する必要があります。実際，IPAが発行する「情報セキュリティ10大脅威2024〔個人〕」編では「不正アプリによるスマートフォン利用者への被害」が9年連続でリストアップされており[1]，これを防ぐためには日々の継続的な取組みが重要になります。

また，メールやウェブサイトに関するリスクがあるのはパソコンと同様であり，紛失リスクも軽視できません。

解説 ···

1 スマートフォンからアクセス可能な情報の多様性・大量性とセキュリティの重要性

スマートフォンは，様々なアプリケーション（いわゆる「アプリ」ともいいます）をインストールすることで多様な用途で活用できるため，利用者情報が大量に蓄積されています（【図表1】参照）。

---

1 IPA「情報セキュリティ10大脅威2024〔個人〕」（最終更新日2024年3月28日）
https://www.ipa.go.jp/security/10threats/10threats2024.html

【図表1】スマートフォンにおける主な利用者情報

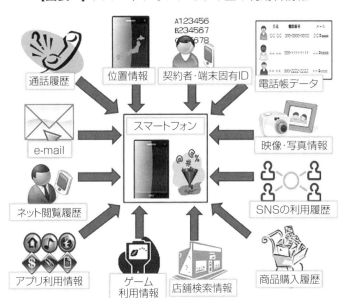

（出典）総務省「スマートフォン プライバシー」
https://www.soumu.go.jp/main_sosiki/joho_tsusin/d_syohi/smartphone_privacy.html

　スマートフォンはもはやビジネス上不可欠なツールにもなっており，このことは弁護士業務でも同様です。たとえば，弁護士業務では，スマートフォンを以下のような用途で使っている方も多いのではないかと思われます（【図表2】参照)。

【図表2】スマートフォンの弁護士業務活用例

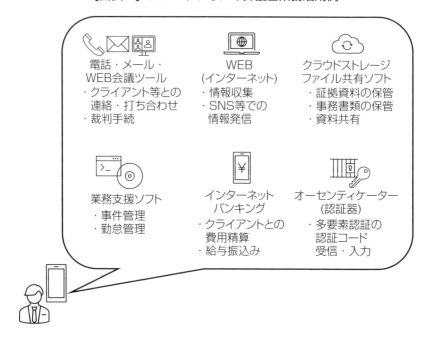

　また，スマートフォンは多要素認証における認証器としても活用されていることから，他の情報通信機器のセキュリティを確保するうえでも重要な役割を果たしています（多要素認証については本書Q1-4を参照ください）。

　以上のように，スマートフォン上，あるいはスマートフォンからアクセスできる範囲には，スマートフォンの利用者およびその関係者の機密情報が大量に保管されています。

　そのため，万が一マルウェアに感染したり，あるいはスマートフォンを紛失したりした場合には，情報漏えいのおそれを生じさせ，弁護士業務に深刻な支障が生じます。

2　不正アプリ（マルウェア）に関するリスク

　IPAが発行する「情報セキュリティ10大脅威〔個人〕」編では，「不正アプリ

によるスマートフォン利用者への被害」が9年連続で取り上げられています[2]。

そのため，スマートフォンに関わるリスクの中でも，不正アプリ（マルウェア）に関するリスクは要注意です。

⑴ これまでに問題となった不正アプリ（マルウェア）事例
① 認証情報を窃取する「FluHorse」マルウェア[3]

「FluHorse」マルウェアは，Androidスマートフォンを狙うマルウェアで，フィッシング攻撃を通じて，ユーザに正規アプリを装った不正アプリ（マルウェア）をダウンロード・インストールさせます。

そのうえで，ユーザを騙して認証情報を入力させ，認証情報を窃取します。同マルウェアは，スマートフォンが受信する多要素認証に係る情報まで窃取してしまうため，多要素認証を設定していたとしても被害を受けてしまいます。銀行アプリや交通料金支払アプリに偽装する事例が確認されており，感染した際にはインターネットバンキングやクレジットカードを不正利用される等のリスクを生じさせます。

② 正規アプリがアップデートにより不正アプリ（マルウェア）化した事例[4]

当初は正規アプリだったにもかかわらず，アップデートにより不正アプリ（マルウェア）化する事例も確認されています。

Google Play上で公開されていたAndroidスマートフォン向けアプリ「iRecorder」は，2021年9月に一般公開された当初は一般的な画面録画アプリでした。

しかし，2022年8月のアップデートにより，同アプリがインストールされているスマートフォンのマイクから周囲の音声を録音し，それを外部に送信する

2 不正アプリの定義は不明ですが，スマートフォンにおけるマルウェアの一形態が不正アプリを意味するものと想定して，本書では紹介します。
3 劉尭「SMSの2要素認証も突破⁉ 解析困難なマルウェアが東アジアで蔓延」（2023年5月9日）https://pc.watch.impress.co.jp/docs/news/1498955.html
4 Alanna Titterington「Google Playのアプリにマルウェア 2023年は6億回以上ダウンロードされる」（2023年11月21日）
https://blog.kaspersky.co.jp/malware-in-google-play-2023/35124/

機能が実装され，ユーザが知らないうちに会話を盗聴される危険を生じさせました。

⑵　対策

　JPCERT/CCからは，マルウェア感染による被害を受けないために，以下の点に注意するよう周知されています[5]。

・SMSに記載されたURLへはアクセスしない（公式サイト等で確認する）
・提供元不明のアプリのインストールを許可しない
・安易に構成プロファイル[6]のインストールを許可しない
・Google Play，App Store以外からのアプリのダウンロード，インストールを控える
・ウイルス対策アプリをインストールする

　その他，前記⑴②のような事例に対応するには，定期的にアプリにアクセス不要な許可が承認されていないかを確認するのが望ましいといえます。

　たとえば，【図表3】は，スマートフォン上で，コミュニケーションアプリ「LINE」に許可されている権限を表示したものです。位置情報，マイク，カメラ等，多くの機能にアクセス権限が許可されていることがわかります。

5　渕上侑汰「モバイル端末を狙うマルウェアへの対応FAQ」（2021年12月23日）　https://
blogs.jpcert.or.jp/ja/2021/12/mobile-malwarefaq.html#faq 1
6　主に，一般企業において業務上使用するスマートフォンの各種設定を一括して変更するために利用されるファイルを意味します。

【図表3】LINEに与えられているアクセス権限（左：iOS，右：Android）

　もっとも，スマートフォン上には多数のアプリが存在することから，各アプリの設定を逐一確認することは現実的ではありません。

　そこで，たとえばスマートフォンに備わった機能を活用してアプリの活動記録やプライバシー情報に関わる権限設定を定期的に確認し，不正アプリ（マルウェア）がスマートフォンに入り込んでいないか確認することも有効です（【図表4】参照）。

【図表4】アプリの挙動監視に役立つ機能

＜iOS＞アプリプライバシーレポート[7]　　＜Android＞プライバシーダッシュボード[8]

「設定」アプリ→「プライバシーとセキュリティ」→「アプリプライバシーレポート」　　「設定」アプリ→「セキュリティとプライバシー」→「プライバシー」→「プライバシーダッシュボード」

3　その他のリスク

　不正アプリ（マルウェア）に関するリスク以外にも，メールやウェブサイト利用に関連してリスクが存在することは，パソコンと同様です（メールについては本書Q3-1〜3-3，ウェブについてはQ4-1を参照ください）。その他，スマートフォンはパソコンよりも持ち運びの機会が多いため，紛失リスクにも備えることがより重要となります（紛失リスクについてはQ2-3を参照ください）。

7　Apple「iPhoneユーザガイド」
　　https://support.apple.com/ja-jp/guide/iphone/iph251e92810/ios
8　Google「プライバシー ダッシュボードから権限を管理する」
　　https://support.google.com/android/answer/13530434?hl=ja

Q2-2　AndroidスマートフォンとiPhone, どちらが安全ですか？

A　過去の調査情報を踏まえる限り，現状ではiPhoneのほうが安全
といえそうです。ただし，Androidスマートフォンでもセキュリ
ティ向上の取組みが継続されており，またiPhoneであれば今後
も100%安全といい切れるわけではありません。いずれにしても，
日々基本的なセキュリティ対策に取り組むことが重要です。

解説

1　それぞれの特徴

(1)　スマートフォンの分類

　スマートフォンは，当該スマートフォン上で動作するOS（Operation
Systemの略。コンピュータを使うために必須の基本ソフトウェア）の種類に
基づいて分類されることが一般的です。

　日本で主流となっているのは，Googleが提供している「Android」OSを搭
載したスマートフォン（以下「Androidスマートフォン」といいます）と，
Appleが開発した「iOS」を搭載したスマートフォン（以下「iPhone」といい
ます）の2種類のスマートフォンです。【図表1】および【図表2】のとおり，
日本ではiPhoneユーザが多数派ですが，世界的にみるとAndroidスマートフォ
ンユーザが多数派を占めています[9]。

9　【図表1】および【図表2】はそれぞれstatcounterのサイト（https://gs.statcounter.
com/）にて作成しています。同サイトは，計測タグが埋め込まれたウェブページにおけ
るページビュー数を計測し，そのページビュー数がどのOSのスマートフォンで行われた
のかを測定することにより計測しています。

【図表１】 2023年３月から2024年３月までのOS別のスマートフォンシェア推移（日本）

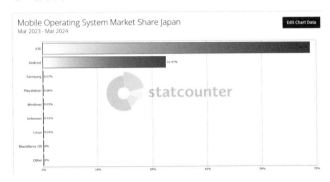

【図表２】 2023年３月から2024年３月までのOS別のスマートフォンシェア推移（世界）

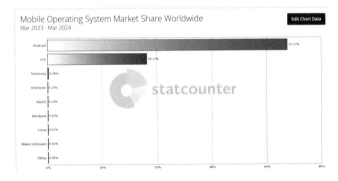

⑵　AndroidスマートフォンとiPhoneの特徴

　AndroidスマートフォンとiPhoneには，大まかに以下のような相違があります。

【図表3】 AndroidスマートフォンとiPhoneの比較

	Androidスマートフォン	iPhone
端末の製造メーカー[10]	Google以外にも多数。	Appleのみ。
アプリの取得経路[11]	純正ストアである「Google Play」以外からも取得できる。	純正ストアである「App Store」以外からは取得できない。
OSアップデートの提供[12]	端末販売元のハードウェアメーカーが提供。	Appleのみが提供。
アップデート配布のタイミング[13]	各メーカーの裁量で配布。バージョンとタイミングが異なる。	Appleが同バージョンを一斉配布。
利用されているOSのバージョン[14]	新しいバージョンのOSの利用率が相対的に低い。	新しいバージョンのOSの利用率が相対的に高い。

2　OS別のセキュリティに関する調査

　AndroidスマートフォンとiPhoneのセキュリティを比較するための情報として，過去には以下のような調査情報が公表されており，いずれもiPhone（iOS端末）のほうがセキュリティインシデントが少ないことが確認できます。

(1)　Lookout Inc.作成の調査資料

　スマートフォン向けセキュリティアプリを提供するLookout Inc.の調査によれば，2016年第4四半期および2017年第1四半期において，「Lookout」（同

10　公正取引委員会「モバイルOS等に関する実態調査報告書」（2023年2月）45・46頁
11　前掲注10）71・72頁
12　アステリア株式会社「モバイル端末OS未アップグレードの危険性とその対策」（2017年4月）5頁
13　前掲注12）5頁
14　statcounterにて全世界での2024年3月のAndroidスマートフォン上のOSバージョン分布とiPhone上のOSバージョン分布をそれぞれ確認したところ，iPhoneでは2024年3月時点での最新バージョンであるiOS17を利用しているユーザが少なくとも61.89％であったのに対し，Androidスマートフォンでは最新バージョンであるAndroid 14を利用しているユーザは16.51％にとどまった（https://gs.statcounter.com/）。

社の製品）で保護している企業利用の Android スマートフォン 1,000 台のう
ち 47 台でアプリベースの脅威が発生した一方で，iPhoneでは1,000 台のうち
1 台発生したことが報告されています[15]。

(2) Nokia社作成の調査資料

　大手通信機器メーカーであるNokia社の調査によれば，スマートフォンの中
では，Androidスマートフォンが最も多くマルウェアの標的になっており，
2020年におけるパソコンを含めたマルウェア感染事例の26.64％がAndroidス
マートフォンであった一方で，iPhoneは1.72％であったことが報告されていま
す（2019年はAndroidスマートフォンが47.15％，iPhoneが0.85％）。

【図表4】マルウェア感染端末の内訳（左：2019年，右：2020年）

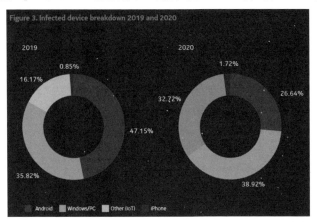

（出典）Nokia Corporation「2020 Nokia Threat Intelligence Report」(2021)

15　Kevin Mahaffey,Mike Murray「モバイルリスクの全容：モバイル活用時に企業が把握
　　しておくべきリスクのすべて」3 頁
　　https://www.lookout.com/documents/whitepapers/jp/lookout-spectrum-of-risk-wp-jp.
　　pdf

3　それぞれの特徴を踏まえたiPhone優位となる原因の分析

⑴　OSのアップデートの遅れが脆弱性の放置につながる

　OSのアップデートは，新機能の追加だけではなく，OSに内在する脆弱性を修正するためにも実施されます（脆弱性の詳細については本書Q1-5を参照ください）。そのため，OSのアップデートが配信されているにもかかわらずそれがすぐに実施されないということは，既知の脆弱性が一定期間放置されることを意味します。

　よって，適時にOSのアップデートがなされるiPhoneのほうがセキュリティが高いと考えられます。

⑵　純正アプリストア以外から取得したアプリがマルウェア感染リスクを高める

　「Google Play」，「App Store」といったいわゆる純正アプリストアでアプリを配信するには，アプリストア運営者による厳しい審査を受ける必要があり，これにより流通するアプリの安全性が一定程度担保されています。

　しかし，Androidスマートフォンでは，Google Play以外の経路で取得したアプリをインストールすることができるため，全く審査を受けていない，あるいは不十分な審査しか受けていない危険なアプリがスマートフォンにインストールされるリスクが高まります[16]。

　よって，純正アプリストアである「App Store」で取得したアプリしか利用できないことが，iPhoneのセキュリティ確保に寄与しているものと考えられます。

16　上記2⑵のNokia社の報告書でも，純正アプリストア以外のアプリストアからアプリがダウンロードできることがAndroidスマートフォンのマルウェア感染件数に影響していることが示唆されています。

4　スマートフォンセキュリティの今後

　以上のとおり，現状ではセキュリティの観点からはiPhoneが優位と考えられますが，Androidスマートフォンでも日々セキュリティを高める様々な取組みがなされています。たとえばAndroidの提供元であるGoogleは，自らハードウェアを設計・開発した「Google Pixel」シリーズを展開しています。このPixelシリーズにおいては，GoogleがOSアップデートを提供するため，iPhoneのように早期アップデートが促され，脆弱性が放置されにくくなることが期待できます。

　一方で，今後，Android・iOSという2つのOSにより形成されたスマートフォン関連市場の競争促進のため，新たな規制法が制定されることが予定されています。新法では，アプリストア間の競争促進を促すため，iPhoneにおいても，「App Store」以外から取得するアプリが一定の範囲で利用可能となる見込みです[17]。そのため，新法が成立・施行された際には，iPhoneにおけるマルウェア感染リスクが高まり，アプリの取得経路の観点からはiPhoneとAndroidスマートフォンとでセキュリティ上の大きな差がなくなることが予想されます（上記3⑵）。

　以上のように，いずれのOSを搭載したスマートフォンを利用していたとしても100％安全ということはありません。そのため，サイバーリスクを低減するうえでは，日々，基本的なセキュリティ対策に取り組むことが重要です。

17　デジタル市場競争会議「モバイル・エコシステムに関する競争評価　最終報告」（2023年6月16日）103頁以下
　　https://www.kantei.go.jp/jp/singi/digitalmarket/kyosokaigi/dai7/siryou2s.pdf

Q2-3 職務上使用していたスマートフォンを紛失した場合，どうすれば良いですか？

A スマートフォンに備わる遠隔ロック機能等を活用し，不正利用や情報漏えい等を防ぐことが重要です。

その後に，依頼者その他の関係者に損害が生じる危険性が高いか否かを判断し，自ら定めた「取扱情報の情報セキュリティを確保するための基本的な取扱方法」および依頼者との間で締結した契約等に基づいて対応すべきものと考えられます。

なお，個情法上の「個人データ」の漏えい等またはそのおそれのある事案が発生したときは，別途，同法に従った対応が必要となります。

解説……………………………………………………………………………

1 スマートフォンの紛失

スマートフォンは，いまや，1人1台以上を保有するほど社会に浸透し，コロナ禍で普及した在宅勤務やテレワークも追い風となって，弁護士等がその職務上使用することも珍しくありません。

もっとも，スマートフォンは，手軽に持ち運びやすい反面，紛失するリスクが高く，その場合には不正利用や情報漏えい等により依頼者その他の関係者に損害が生じる危険が発生することがあります。

2 対応方法等

(1) 不正利用や情報漏えい等の防止措置

職務上使用していたスマートフォンを紛失した場合，ただちにスマートフォンに備わっている遠隔ロック機能等を活用して，不正利用や情報漏えい等を防ぐ必要があります。

　たとえば，iPhoneであれば，パソコンからiCloudのアカウントにログインをして，「探す」アプリを起動します（【図表1】）。

【図表1】iCloudアカウント上での「探す」アプリ

　「探す」アプリを起動すると，紛失したiPhoneの位置情報に加え，「紛失としてマーク」，「このデバイスを消去」という操作が可能になります（【図表2】）。

【図表2】「探す」アプリの操作の一例

　「紛失としてマーク」，または「このデバイスを消去」を状況に応じて選択することにより不正利用や情報漏えい等を防ぐことが可能になります（【図表3】）。

【図表 3 】「探す」アプリによる「紛失としてマーク」および「このデバイスを消去」を操作した場合の表示の一例

　なお，Android スマートフォンについても同種の機能が搭載されています（【図表 4 】）。

【図表 4 】 Android スマートフォンでの「デバイスを保護」，「デバイスを初期状態にリセット」する操作の一例

(2)　依頼者その他の関係者に損害が生じる危険の有無・程度の評価

　以上の技術的な対応に続いて，当該スマートフォンを紛失したことについて，依頼者その他の関係者に損害が生じる危険の有無・程度を評価します。

　弁護士等が職務上使用していたスマートフォンを紛失したとしても，ただちに依頼者その他の関係者に損害が生じる危険性が高いという評価になるわけではありません[18]。

　すなわち，この評価にあたっては，まず，第三者が当該スマートフォンによって取扱情報へアクセスできたか（＝機密性の問題），当該スマートフォンを紛失したことによって取扱情報を利用できなくなったか（＝完全性または可用性の問題）を確認することとなります。

　その結果，たとえば，紛失した端末について，あらかじめ適切なアクセス制御が行われていれば機密性の問題はなく，また，紛失した端末についてあらかじめ適切にバックアップを取得していれば完全性または可用性の問題はなく，依頼者その他の関係者に損害が生じる危険はなかったと評価することが可能と思われます。

(3)　「取扱情報の情報セキュリティを確保するための基本的な取扱方法」
　　に基づく対応

　当該スマートフォンを紛失したことについて，上記評価の結果，依頼者その他の関係者に損害が生じる危険性が高いと評価される場合，「漏えい等事故」に該当するとして，「漏えい等事故」が発生した場合の対応の具体的な方法について弁護士等が自ら定めた「取扱情報の情報セキュリティを確保するための基本的な取扱方法」に基づいて対応すべきものと考えられます。

(4)　依頼者との契約等に基づく対応

　他方で，当該スマートフォンを紛失したことについて，上記評価の結果，依頼者その他の関係者に損害が生じる危険性が高いという評価ではない場合，比較的軽微なセキュリティ「事案」であるとして，その対応については弁護士職

18　日弁連・解説22〜23頁参照

務基本規程に規律された信義誠実義務（同規程5条等）および信用等保持義務
（同規程6条等）として捉えるべきものと考えられます[19]。

　ただし，その場合であっても依頼者との契約等の内容を確認し，当該契約等
に基づく義務を履行することはもちろん，依頼者その他の関係者に損害が生じ
る危険の程度によっては，依頼者その他の関係者に対して「事案」に関する報
告等をすることが考えられます。

⑸　個人情報保護法に従った対応

　弁護士等は，そのほとんどが個人情報取扱事業者に該当することから，別途，
個情法の適用を受けます[20]。

　そのため，弁護士等は，当該スマートフォンを紛失したことによって，個情
法上の「個人データ」の漏えい，滅失もしくは毀損またはそのおそれのある事
案が発生した場合，その事案の内容等に応じて必要な措置を講じなければなり
ません[21]。

　個情法上の対応については，本書Q8-2を参照ください。

19　日弁連・解説21〜22頁参照
20　日弁連・解説17頁参照
21　個情法ガイドライン（通則編）3-5-2

第3章

メールのセキュリティ

Q3-1　Eメールの典型的なサイバーリスクは？

A メールの送信場面における主なリスクとして，メールの誤送信による情報漏えいや送信した添付ファイルの誤りによる情報漏えいがあります。

　メールの受信場面における主なリスクとして，受信メールが原因でマルウェアに感染したり，フィッシングメールにより情報が漏えいしたりすることが挙げられます。

解説……………………………………………………………………………………

1　メールの送信場面における主なリスク

(1)　メールの誤送信による情報漏えい

　メールの送信は，気軽に行えて便利であるため弁護士業務で頻繁に使われる手段ですが，宛先間違いや内容間違い，ファイルの添付間違いのミスが発生します。

　たとえば，最近のメールソフトでは，宛先に名前や文字列を入れると予測変換のように宛先候補が表示される機能があります。自分が送信したい人のメールアドレスが補完されたとの思い込みによって，送信したい人のメールアドレスによく似た第三者のメールアドレスを宛先としてメールの誤送信をしてしまうことがあります。

　また，弁護士等は，複数の依頼者や弁護士会の会員など，相互にメールアドレスを知らない人に対し一斉にメールを送信することがありますが，誤ってTOやCCに全員分のメールアドレスを入力して送信してしまうことで，メールを受信した人が他の人のメールアドレスを閲覧することが可能になり，メールアドレスの漏えいが生じることがあります。

　こうしたメールの誤送信は，日常の業務の過程において，ちょっとした注意

力の欠如から発生します。弁護士等は，業務の性質上，犯罪歴，犯罪被害者の情報，病歴，障害の有無，企業秘密，インサイダー情報等の秘匿性の高い情報を取り扱うことが多いため，メールの誤送信により深刻な情報漏えいにつながるおそれがあることを意識する必要があります。

⑵　送信した添付ファイルの誤りによる情報漏えい

　依頼者と電子ファイルを共有するために，メールに電子ファイルを添付する方法がよく使われていると思います。

　しかしながら，当該依頼者とは別の依頼者に関する電子ファイルを添付し，当該電子ファイルに個人情報や企業秘密が含まれていると，深刻な情報漏えいにつながるおそれがあります。

　電子ファイルの安全な送付方法については，本書Q3-3で紹介します。

2　メールの受信場面における主なリスク

⑴　受信メールを原因とするマルウェア感染

　弁護士業務では，依頼者から案件の関係資料を送ってもらう場合に，メールに添付された電子ファイルを受け取ることがあると思います。こうしたメールに添付された電子ファイルが悪意のある電子ファイルである可能性があることに留意が必要です[1]。悪意のある電子ファイルは，パソコンやネットワークを攻撃するために作成されたものであり，ウイルスまたはマルウェアといいます。

　メールに添付されたマルウェアは，メールを受信するだけでは感染しませんが，そのメールを開封して添付ファイルを実行することで感染し様々な被害もたらすおそれがあります。

　メールに添付されるマルウェアの代表例としてEmotetがあります。Emotetの詳細は本書Q6-2およびQ6-3で紹介します。主な被害として，メールに添付された電子ファイルを開封してプログラム（マクロともいいます。）を有

1　マルウェアの感染経路として，メール本文に記載されたURLをクリックすると，外部のウェブサイトに移行してマルウェアがダウンロードされる場合もあります。もっとも，本Qでは，典型的な被害場面として，メールに添付された電子ファイルが原因でマルウェアに感染する場合を説明します。

効化するとマルウェアの感染が始まり,メールソフト内のメールやアドレス帳に保存されたメールアドレスが窃取されるなどします。

弁護士等が業務で使用するパソコンがEmotetに感染した場合,メール本文,添付ファイル,メールアドレスが窃取される危険性がある点に注意が必要です。

⑵ フィッシングメールによる情報漏えい

フィッシングサイトなどへの誘導を試みるメール（以下「フィッシングメール」といいます）にも注意が必要です。

一般に,「フィッシング」（Phishing）とは,実在する機関などを装った偽のメールやSMS（ショートメッセージサービス）によるメッセージを送付し,メッセージ本文記載のURLを通じて正規のウェブサイトと同じように見える偽サイトに誘導して,IDやパスワード,クレジットカード番号などの重要な情報を入力させて盗み取ることをいいます[2]。

フィッシングメールでは,「給付金が受け取れる」,「アカウントを停止した」,「カードの利用制限をした」などといった文言とともに,「○○のサイトにて確認できる」,「○○の確認はこちら」などと記載されたURLをクリックするように誘導する内容となっています。フィッシングメールのサンプルとしては,たとえば【図表1】があります。

2　日弁連・入門20頁

【図表1】フィッシングメールのサンプル

住民税納税世帯及び関係者の皆様へ

【件名】：電力・ガス・食料品の価格高騰に伴う緊急支援給付金（50,000円）に関するお知らせ

平素は幣自治体の公共サービスをご利用いただき、誠にありがとうございます。現在の経済状況と資源価格の上昇が市民の生活に及ぼしている影響を考慮し、政府は経済的に困難な状況にある世帯を支援するために、緊急支援給付金の提供を決定いたしました。

【給付金の詳細】

給付金額：一律50,000円
対象者：令和五年度に住民基本台帳に登録されている世帯
申請方法：マイナポータルを通じてのオンライン申請
【申請及び支給スケジュール】

申請期間：本日より二月末日まで
支給時期：各市区町村により異なり、申請受理後の確認作業を経て実施
関係者の皆様には、迅速な申請をお勧めいたします。詳細情報や申請手順はマイナポータル申請サイト［https://cao-go-●●●●.com/］にてご確認いただけます。

□の部分のリンク
<https://cao-go-●●●●.com/> など

本メールは送信専用であり、返信は受け付けておりません。ご質問やその他の支援につきましては、公式チャンネルよりお問い合わせください。

皆様のご協力に深く感謝申し上げます。今後とも必要なサポートを提供してまいります。

敬具

内閣府ホームページ

メール文面の例

（出典）フィッシング対策協議会「内閣府を装うフィッシング」(2024年2月7日)
https://www.antiphishing.jp/news/alert/mynaportal_20240207.html

　【図表1】の記載内容からもわかるように，最近では，流暢かつ巧妙な体裁と内容の日本語のフィッシングメールが届くようになってきています。フィッシングメールにおいて，メール送信者は，公的機関，大手金融機関，大手ショッピングモールなどを名乗ることが多い傾向にあります。

　また，昨今は，SMSを利用するケースも増加しています。偽SMSのサンプルとしては，たとえば【図表2】があります。

【図表2】偽SMSのサンプル

SMS文面の例

【三菱UFJ銀行】お知らせ、お客様の銀行口座の取引を一時的に規制しています、必ずご確認ください。https://muf■■■.com

（出典）フィッシング対策協議会「三菱UFJ銀行をかたるフィッシング」(2023年10月30日)
https://www.antiphishing.jp/news/alert/mufgbank_20231030.html

　フィッシングメール（【図表1】）や偽SMS（【図表2】）に記載されたURL
にアクセスすると，IDやパスワードを入力させるフィッシングサイトにつな
がります。フィッシングサイトでIDやパスワードを入力して送信ボタンをク
リックすると，入力した情報が攻撃者に窃取されてしまいます。窃取された
IDやパスワードが攻撃者によって悪用されると，自身が登録している正規の
サイトへの不正アクセス，個人情報の窃取，登録情報の改ざん，不正送金など
の被害に遭うリスクがあります。

Q3-2 メールのセキュリティを高めるうえで有効な対策はありますか？

A メールのセキュリティを高めるには受信場面での対策が重要となります。マルウェア感染やフィッシングメールへの有効な対策としては，ウイルス対策ソフトのプラグイン機能の活用と事務所内での定期的な注意喚起が主なものとして挙げることができます。

解説...

1 添付ファイルからのマルウェア感染対策

(1) ウイルス対策ソフトのプラグイン機能の活用

　メールを原因とするマルウェア感染対策として簡単に導入できるものとしては，ウイルス対策ソフトの機能の1つである電子メールへのプラグイン（機能追加）を活用することを挙げることができます。

　プラグインによる電子メール保護を有効にすることによって，ウイルス対策ソフトが送受信メールを確認（検査）することができるようになり，マルウェアが添付されたメールを確認した場合には，自動的に当該メールを削除したり，迷惑メールボックスに振り分けたりするなどの対応が実施されます。

　一例を挙げると，次頁【図表1】はESET社のウイルス対策ソフト「ESET Endpoint Security」の電子メールのプラグイン機能（以下本Qにおいて「ESETメールプラグイン」といいます）の設定画面です。

【図表1】ESETメールプラグインの設定画面

（出典）ESETオンラインヘルプ「電子メールクライアント保護」
https://help.eset.com/ees/7/ja-JP/idh_config_emon_clients.html

　ESETメールプラグインは，メールソフト（Microsoft Outlook等）へ機能追加することができ，機能追加して有効設定とした場合，メールソフトの画面上では【図表2】のように表示されます。

【図表2】ESETメールプラグインのメールソフトでの表示の一例

　ESETメールプラグインを有効に設定すると，送受信したメールを検査し，マルウェアが添付されたメールが検出された場合には，有効にした設定に応じて感染メールに【図表3】に示す対応（たとえば「メールを削除する」または「メールを削除済みフォルダに移動する」）を実施します。

【図表3】ESETメールプラグインによる感染メールへの対応の例

感染メールに対して実行するアクション

何もしない - これを有効にすると、感染している添付ファイルは特定されますが、メールに対してはいずれのアクションも実行されずそのまま残ります。

メールを削除する - 侵入がユーザーに通知され、メールは削除されます。
メールを削除済みフォルダに移動する - 感染しているメールを自動的に[削除済み]フォルダに移動します。
メールを次のフォルダに移動(既定のアクション) - 感染しているメールを自動的に指定したフォルダに移動します。

フォルダ - 検出時に感染したメールを移動させるカスタムフォルダを指定します。
アップデート後に再検査 - 有効にすると、検出エンジンアップデートの後に、感染した電子メールを再検査します。
ほかの機能の検査結果を受け入れる - 電子メール検出モジュールは、再検査を実行せずに、他の保護モジュールから受信した検査結果を使用することができます。

(出典) ESETオンラインヘルプ「電子メールクライアント保護」
https://help.eset.com/ees/7/ja-JP/idh_config_emon_clients.html

(2) 事務所内での定期的な注意喚起

　残念ながらウイルス対策ソフトによるセキュリティ対策を講じたとしても万全ではありません。

　Emotetへの感染が2022年3月頃に急拡大した際，被害企業の公表文の中には，メールに関するセキュリティ対策を実施していたにもかかわらずEmotetに感染したことが窺われるような内容が確認されています。

　ウイルス対策ソフトの典型的な機能は，パターンマッチングであるため（詳細については本書Q4-2を参照ください），新規のマルウェアは検知することが困難であるということが推察されます。

　そのため，技術的な対策とあわせて，事務所内において定期的な注意喚起や継続的な教育を実施して，事務所全体で日頃から添付ファイルからのマルウェア感染に注意できるようにしておくことも重要な対策となります。

　IPAがウェブサイトで公開している情報セキュリティ教材にメールの添付ファイルの注意点・対策について解説するスライド資料[3]があり参考になります。

(3) その他の対策

　日弁連が2024年3月に発行した「弁護士のための情報セキュリティ入門」[4]に

3　IPA「情報セキュリティ教材_スライド形式」（最終更新日：2023年5月23日）・「1-1-4.メールの添付ファイル」
　https://www.ipa.go.jp/security/net-anzen/security_materials.html
4　日弁連・入門15頁～16頁

おいて，不審なメールを受信したときに，メールに添付されたファイルが安全なものかどうかを見分ける方法および感染しない方法の代表的なものとして次の事項が列挙されていて参考になります。

- OSやアプリケーション，セキュリティ対策ソフトを常に最新の状態にすること。
- 差出人のメールアドレスのドメインが@gmail.comや@yahoo.co.jpなどのフリーメールであるかどうか，長いメールアドレスが使われているかどうかを確認すること。
- 差出人，添付ファイル名，件名，メール本文の内容が身に覚えのあるものかどうか確認すること。
- 身に覚えのないメールが届いた場合には，ファイルを開くことでマルウェアに感染するリスクがあるため，安易に添付ファイルを開かないようにすること。
- ファイルの形式を確認し，ファイルの末尾が「.exe」などの実行ファイルである場合は，信頼できる者からのメールや信頼できるファイルではない限り開かないようにすること。
- WordやExcelなどのOfficeファイルは，マクロを実行することで感染するマルウェアもあるため，マクロは無効に設定しておくこと（方法については本書Q6-3を参照ください）。
- 不審なメールの添付ファイルを開いたときにマクロやセキュリティに関する警告が表示された場合，「マクロを有効にする」，「コンテンツの有効化」をクリックすることでマルウェアに感染することもあるため，クリックしないようにすること。

2　フィッシングメールによる情報漏えい対策

　翻訳技術やAI性能の向上に伴い，フィッシングサイトなどへの誘導を試みるフィッシングメールの手口は年々巧妙になってきています。フィッシングメールは，受信者を油断させたり不安を煽ったりするなどして，受信者にフィッシングメール記載のURLにアクセスさせようとします。

　フィッシングメールによる被害を受けるリスクを低減するための対策としては，前記1のようにウイルス対策ソフトのプラグイン機能を利用することが有

用です。【図表4】は，ESET Endpoint Securityのフィッシング対策用のプラグイン機能の一例です。

【図表4】ESET Endpoint Securityのフィッシング対策機能

フィッシング対策機能

フィッシングとは，ソーシャルエンジニアリング（機密情報を入手するために，ユーザを操ること）を用いる犯罪行為を指します。フィッシングは，銀行の口座番号やPINコードなどの機密データを入手するためによく使用されます。この活動の詳細については，「用語集」を参照してください。ESET Endpoint Securityはフィッシング対策機能を提供し，このようなコンテンツを配布することが知られているWebページをブロックできます。

ESET Endpoint Securityでフィッシング対策を有効にすることを強くお勧めします。このためには，[詳細設定]（F5）を開き，[Webとメール] > [フィッシング対策]に移動します。

ESET Endpoint Securityのフィッシング対策保護の詳細については，ナレッジベース記事を参照してください。

フィッシングWebサイトにアクセスする

認識されているフィッシングWebサイトにアクセスすると，次のダイアログがWebブラウザに表示されます。それでもWebサイトにアクセスする場合は，[サイトに移動]（推奨されません）をクリックします。

（出典）ESETオンラインヘルプ「フィッシング対策機能」
https://help.eset.com/ees/ 7 /ja-JP/idh_config_emon_clients.html?idh_config_antiphish.html

　もっとも，マルウェア同様，フィッシングメールを技術的に完全に排除するなどは困難です。

　そこで，万が一，フィッシングメールに引っかかってフィッシングサイトにIDやパスワードを入力してしまったとしても，正規のアカウントに不正ログインされないように「多要素認証」を積極的に活用することが有用です（「多要素認証」については本書Q1-4を参照ください）。

Q3-3　依頼者との間で電子ファイルを送受信するにあたり安全な方法はありますか？

A 電子ファイルの送信は原則としてクラウドストレージサービスを用いて行うことを推奨します。
　電子メールに添付して電子ファイルを送受信する場合は，パスワードを設定したうえで，電子メール以外の別の方法でパスワードを連絡する方法が安全です。

解説‥‥‥‥‥‥‥‥‥‥‥‥‥‥‥‥‥‥‥‥‥‥‥‥‥‥‥‥‥‥‥‥‥‥‥‥

1　ファイル添付方式とクラウドストレージ使用方式の比較

　依頼者や顧問先と事件記録等の電子ファイルを共有する際，電子メールに電子ファイルを添付する方法が手軽なためよく利用されていると思います。

　しかし，近年では，安全に電子ファイルを送信する方法として，クラウドストレージを使用する方法が積極的に活用されています。

　この方法では，インターネットを通じてファイルを保存できるクラウドストレージサービスに電子ファイルをアップロードし，同サービスにアクセスするURLリンク（ダウンロードリンク）を電子メールで連絡してアクセスしてもらう方法が取られます（【図表1】参照）。

　代表的なクラウドストレージサービスの具体例としては，Google Drive，OneDrive，Box などを挙げることができます。

【図表1】 クラウドストレージを使用した電子ファイル送信

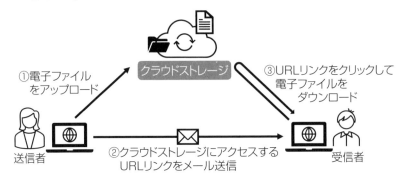

　電子メールに電子ファイルを添付する方法（以下「ファイル添付方式」といいます）とクラウドストレージを使用して電子ファイルを送信する方法（以下「クラウドストレージ使用方式」または「URLリンク記載方式」といいます）の比較例を示すと次の【図表2】のとおりです。

【図表2】 ファイル添付方式とクラウドストレージ使用方式の比較表

	ファイル添付方式	クラウドストレージ使用方式 (URLリンク記載方式)
セキュリティ	間違った相手に電子ファイルを送信してしまった場合，情報の漏えいリスクが生じる[5]。	次のとおり，電子ファイルを送信した後も一定のコントロールをすることができる[6]。 ■ 間違った相手にクラウドストレージにアクセスするためのURLリンクを送信した場合であっても，相手がアクセスする前であれば，ファイルを削除したり，URLリンクを無効化することができ，情報漏え

[5] 　一部のメールサービスには，送信後であっても送信者側で送信を取り消すことができる機能があります。しかし，すべてのメールサービスが対応しているわけではなく，また，送信者側と受信者側の双方がこのような機能に対応していないと有効に機能しないことがあります。

[6] 　日弁連・入門11頁参照

		いを防ぐ対応をすることができる。 ■ 相手がクラウドストレージから電子データをダウンロードしたことを確認した後，クラウドストレージから電子データを削除すれば，電子メールを盗み見られていた場合でも，情報漏えいのリスクを減らすことができる。
受信時の手間	受信者はすぐに電子ファイルを開封することができる。	URLリンクのクリック後，クラウドストレージからすぐに電子ファイルをダウンロードできるとは限らず，一定の操作が必要となることが多い。
送信時の手間	メールソフトの送信画面に対象の電子ファイルをドラッグ＆ドロップするだけで済むことが多い。	あらかじめクラウドストレージに対象の電子ファイルをアップロードし，そのURLを取得する必要がある（送信方法については2において後述）。

　以上のように，受信時および送信時の手間（送受信の手軽さ）の点ではファイル添付方式にメリットがありますが，セキュリティの点ではクラウドストレージ使用方式（URLリンク記載方式）にメリットがあります。

　また，クラウドストレージ使用方式（URLリンク記載方式）のセキュリティについては，個別のサービスにより提供される機能が異なるところはありますが，次に述べる事項も一般的なメリットとして挙げることができます。

■ クラウドストレージサービスにはウイルスチェック機能があり，マルウェアの感染リスクを減らすことができる。
■ 電子ファイルをクラウドストレージに保存した後，アクセスできるユーザを限定したりパスワードがなければアクセスできないように設定したりすることができる。
■ クラウドストレージに保存した電子ファイルのダウンロード期限やダウンロード回数の設定を行うことができる。
■ クラウドストレージから電子ファイルをダウンロードする時点で氏名の入力を求めることができる（入力された情報はアクセス履歴に残るため，ダウン

ロード実行者を特定できる）。
- 間違った相手にクラウドストレージにアクセスするURLリンクを送信した後，仮にURLリンクの無効化などの対応が間に合わず，本来の相手以外の第三者が電子ファイルをURLリンクからダウンロードしたとしても，ダウンロード実行者のアクセス履歴のログを確認することができ，誰が・いつ・どのファイルをダウンロードしたかがわかる。

　以上のとおり，クラウドストレージ使用方式（URLリンク記載方式）はセキュリティのメリットが大きい手段であるため，安全な電子ファイルの送信方法として有効です。

　そのため，電子ファイルの送信方法としてクラウドストレージ使用方式（URLリンク記載方式）を推奨します。

2　クラウドストレージ使用方式による送信方法

　クラウドストレージ使用方式による電子ファイルの送信方法について，クラウドストレージサービスの1つであるBoxを例に説明します。

　まず送信したい電子ファイルをBoxにアップロードします。そのうえで，Boxの操作画面で対象の電子ファイルをクリックして共有ウィンドウを開く（「共有リンクをコピー」をクリックする）と，電子ファイル共有のためのURLリンクが発行されるので（【図表3】），それをコピーします（【図表4】）。

【図表3】電子ファイル共有のためのURLリンク発行画面の一例

【図表4】電子ファイル共有のためのURLリンクコピー画面の一例

　【図表4】でコピーしたURLリンクを，送信する電子メールに貼り付けます（【図表5】）。電子メールの受信者がこのURLリンクをクリックすると，受信者は電子ファイルが保存されたクラウドストレージにアクセスでき，対象の電子ファイルをダウンロードして取得できます。

【図表5】電子ファイル共有のためのURLリンクを貼り付けたメール文の一例

　以上がクラウドストレージ使用方式による電子ファイル送信の具体的な流れとなります。

3　ファイル添付方式による場合はパスワードの連絡・設定方法に注意

　前記1のとおり，電子ファイルの送信は，セキュリティの観点から，原則としてクラウドストレージ使用方式で行うことが望ましいといえます。

　もっとも，送信する電子ファイルの取扱情報の重要度が低い場合などには，業務効率を重視することはあります。また，依頼者など受信者側のシステムがクラウドストレージ使用方式に対応しておらず，クラウドストレージ使用方式による電子ファイル送信ができない場合があります。そのため，ファイル添付方式で電子ファイルを送信することはありえます。

　ファイル添付方式で電子ファイルを送信する場合は，添付ファイルにパスワードを設定したうえで，電子メール以外の別の方法（電話，SMS，SNSのメッセージツール，ビジネスチャットなど）でパスワードを連絡することがセキュリティ対策上重要となります。

　また，メールに添付する電子ファイルにパスワードをかけたとしても，単純なパスワードではパスワード解析ツールを使用して短時間でパスワードが破られてしまうおそれがあります。パスワードをかける場合は，容易にパスワードを破られないように，数字だけでなく英語の大文字・小文字，記号などを織り交ぜた複雑かつ長いパスワードにするといった対策も必要となります。

第4章

パソコンのセキュリティ

Q4-1　パソコンに生じる典型的なサイバーリスクは何ですか？

A パソコンに生じる典型的なサイバーリスクとしては，メールに関連するサイバーリスク（本書Q3-1～Q3-3を参照ください）に加え，ウェブサイトの閲覧に伴うサイバーリスク，USBなどの外部記憶媒体からのウイルス感染リスクが挙げられます。
また，機器の故障・記憶媒体の劣化による電子データの喪失，さらにパソコンを廃棄・リサイクルする際の不適切な措置により電子データが流出してしまうリスクがあります。
ノートパソコンの場合は端末の紛失のリスクもあります。

解説……………………………………………………………………………………………

１　ウェブサイトの閲覧に伴うサイバーリスク

⑴　ウェブサイト経由でのウイルス感染

　インターネットには様々なウェブサイトが存在します。その中には，ウイルス配布を行うために攻撃者が悪意を持って設置したものもあります。ウイルスの置かれたサイト（いわゆるマルウェア配布サイト）の典型的な手口としては，一見無害なソフトウェアのダウンロードに見せかけてウイルスをインストールさせようとしたり，正規のウェブサイトを改ざんして悪意のあるウェブサイトに誘導し，当該サイトからウイルスに感染させたりする手口もあります（【図表1】参照）。

【図表１】ウェブサイトからウイルスに感染する一例

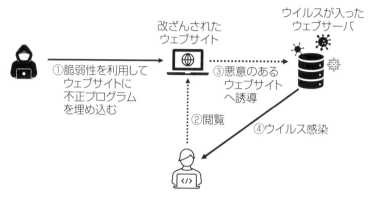

このような悪意のあるウェブサイト経由での被害を受けないために，まずは使っているパソコンのOSを最新の状態にしておきましょう。ウイルスはOSの脆弱性を利用することがあるからです（脆弱性についてはＱ１−５を参照ください）。

またウイルス対策ソフトを導入することも有効です。ウイルス対策ソフトは，ウイルスを検知・排除してくれるだけでなく，悪意のあるウェブサイトへのアクセスをブロックしてくれる機能をも含みます。

【図表２】ウイルスバスターが悪意のあるウェブサイトへのアクセスをブロックする一例

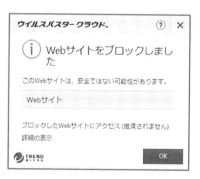

（出典）トレンドマイクロ社「ウイルスバスタークラウド『Web サイトをブロックしました』と表示される場合の対処方法」（最終更新日：2023年 4 月17日）
https://helpcenter.trendmicro.com/ja-jp/article/tmka-19852

　そのうえで，怪しいウェブサイトはできる限り閲覧しないことが大切です。特に不特定多数の利用者がアクセスする電子掲示板やSNSでは，このような動作をするウェブサイトへのリンクが貼り付けられている場合があるので，むやみにリンクをクリックしないよう注意が必要です。

　また，ホームページ（以下「HP」といいます）を有する法律事務所は多いと思われますが，HPが改ざんされ，HPの閲覧者がウイルスに感染することもあります。その場合，攻撃者にHPを改ざんされた側は，被害者であると同時にHP閲覧者に対しては加害者になってしまうことになります。自らが加害者となってしまわないように，HPがどのような構成になっているかを把握しておき，WordPressに代表されるようなCUC（Contents Management System）を使用している場合には，そのアップデートを速やかに行うとともに（アップデートの重要性については本書Q1-5を参照ください），HP管理用のアカウントには多要素認証を設定する（多要素認証の重要性については本書Q1-4を参照ください）など基本的な不正アクセス対策を実施することが重要となります。

(2)　偽警告による被害

　近年増加しているのが偽警告によるインターネット詐欺です。「偽警告によるインターネット詐欺」は「情報セキュリティ10大脅威 2024〔個人〕」向けの脅威では，5年連続で5回目の選出がなされています[1]。

　これは，ウェブサイトを閲覧中に，突然偽のセキュリティ警告画面が表示され，遠隔操作用のソフトウェアをインストールさせられたり，サポート窓口を装った攻撃者にサポート料金を払わされたり，パソコンを遠隔操作された後に修復費用として金銭を騙し取られたりする被害（いわゆるサポート詐欺）をいいます。また，パソコンを遠隔操作された場合，金銭的な被害にとどまらず，攻撃者によってパソコンに記録されている情報を閲覧されたり外部送信されたりしてしまう可能性もあります。サポート詐欺については本書Q6-4およびQ6-5で詳しく紹介します。

1　IPA「情報セキュリティ10大脅威2024〔個人〕」（最終更新日：2024年3月28日）
　https://www.ipa.go.jp/security/10threats/10threats2024.html

2　外部記憶媒体からのウイルス感染

　弁護士業務においてUSB，CD-Rなどの外部記憶装置を活用する機会がある
かと思います。コンピュータにはUSBなどの外部記憶装置や情報機器を接続
しただけであらかじめ指定された処理が自動的に実行されるようになっている
ものがあります。この仕組みを悪用して作られたのが，いわゆるUSB媒介ウ
イルスです。

　また，USBについてはウイルス感染だけでなく，USBの紛失に伴って情報
が漏えいするリスクもあります。

　そこで，業務に使用するパソコンに関してはUSBを読み込まない設定にし
ておくという方法が考えられます。

　以下のとおり設定の一例を紹介します[2]。

　まず，Windowsのパソコンのデスクトップにおいて「ファイル名を指定し
て実行」という画面を開き（ショートカットキー：Windows＋R），名前欄に
「regedit」と入力し，「OK」をクリックします（【図表3】）。

【図表3】Windowsにおいて USB を読み込まないようにする設定の一例①

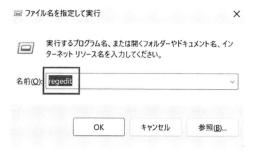

2　この方法は，レジストリを変更する方法ですが，Microsoft 社から「USB 記憶装置を
　使用できないようにする方法」において，「レジストリを誤って変更すると，深刻な問題
　が発生することがあります。レジストリを変更する際には十分に注意してください。万一
　に備えて，編集の前にレジストリをバックアップしてください」と注意喚起がなされて
　いる点に留意ください。
　https://support.microsoft.com/ja-jp/topic/usb-記憶装置を使用できないようにする方法
　-460ef516-8ac8-07af-e90b-0d9ac55bcd4d

　次に以下のレジストリキーを見つけてクリックします。「HKEY_LOCAL_
MACHINE¥SYSTEM¥CurrentControlSet¥Services¥USBSTOR」
　そのうえで「Start」をダブルクリックします（【図表4】）。

【図表4】WindowsにおいてUSBを読み込まないようにする設定の一例②

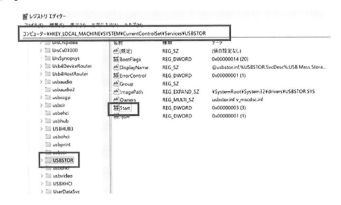

　続いて，［値のデータ］ボックスに4と入力し，［16進］を選択して，［OK］
をクリックします（【図表5】）。

【図表5】WindowsにおいてUSBを読み込まないようにする設定の一例③

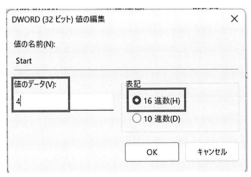

　業務に使用する事務所内のすべてのパソコンについてこの操作をすることに
より，USB経由でのウイルス感染，電子データの不正な持ち出しおよび紛失

のリスクを減らすことが可能になります。

3　機器の故障・劣化による電子データの喪失

　本書で紹介するようなサイバー攻撃を受けなくとも，平時において起こりうる事象として，業務に使用しているパソコンが故障したり，記憶装置が劣化して中の電子データを使用できなくなったりするということが想定されます。端末の復旧や電子データの復元ができず，バックアップを取っていなければ，電子データは永久に失われてしまいます。

　民事・刑事の裁判が完全IT化されたとき，裁判関連の電子データの喪失は弁護士業務に深刻な被害をもたらしかねません。パソコンはいつどのようなタイミングで故障するか予測ができないので，故障の際の障害を最小限に食い止められるよう，定期的にバックアップを取るなど備えておく必要があります。バックアップの重要性については「弁護士のための情報セキュリティ入門」でも言及されており，「外付けハードディスクやUSBなどの外付け記録媒体にバックアップする方法」，「事務所のサーバやNASにバックアップする方法」，「クラウドサービスにバックアップする方法」が紹介されており，理想は複数の方法の併用であると説明されています。

4　不適切な廃棄・リサイクル

　紙媒体の事件記録を一般ゴミとして廃棄すると，それがどのような者に拾得されるかわからず事件記録の流出につながるおそれがあるのは多くの弁護士が認識していることかと思います。

　紙媒体と同様に，事件記録が記録されたパソコンを廃棄・リサイクルする場合も，適切な措置を実施しなければ電子データの復元により事件記録の流出につながるおそれがあります。なお，仮にパソコン本体が壊れて使えないとしても，内部ストレージは正常に動いていて，電子データを読み取れる可能性があります。

　電子データを消去する際には，電子データを「ゴミ箱」フォルダに移し，「ゴミ箱」を空にする方法や，初期化を行うといった方法が考えられますが，これらの方法で消去した電子データは，専用のソフトウェアを利用する等の方

法により復元することが可能です。

　そのため，廃棄・リサイクルの際にはデータ消去用の特別なソフトを使用する，専門業者に電子データの消去を依頼し，証明書を受領するといった方法を取ることにより，端末の中の電子データが復元されないよう十分な対策を講じる必要があります。

　弁護士情報セキュリティ規程5条では，「弁護士等は，取扱情報の作成，取得，保管，利用，提供，運搬，送信及び廃棄の各段階で，情報セキュリティが確保されるよう取扱情報を取り扱わなければならない」とされています。また，前掲「情報セキュリティを確保するための基本的な取扱方法について」の「基本的な取扱方法の例」では，「廃棄（データ）」の項目において，「取扱情報に該当するデータが格納されている電子媒体を廃棄するときは，消去ソフトウェアを利用する，破壊処理を行う等データを読み取ることを不可能とする等の措置を講ずる」と記載されています。そのため，弁護士情報セキュリティ規程第5条の観点からも注意が必要です。

6　ノートパソコンの紛失リスク

　持ち運び可能なノートパソコンの場合は紛失のリスクもあります。その場合の対応については本書Q6-1で詳述します。

Q4 - 2　パソコンのセキュリティとしてウイルス対策ソフトをインストールしておけば十分ですか？

A ウイルス対策ソフトを導入するのみではセキュリティ上十分な対策とはいえません。ウイルス対策ソフトだけでは完全にはサイバー攻撃を防ぐことはできないことを前提に，セキュリティ対策を多層的に組み合わせることが重要です。

解説‥‥

1　ウイルス対策ソフトとは

　ウイルス感染についての基本的な対策は，ウイルス対策ソフト（アンチウイルスソフトウェアともいいます）の導入です。

　ウイルス対策ソフトとは，脅威の可能性のあるコンピュータウイルスなどを検知して，排除してくれるソフトウェアのことです。

　最近では，IDやパスワードのアカウント情報を盗もうとするフィッシング詐欺なども増えてきたことに対応するためフィッシングサイトへのアクセスをブロックするなど，ウイルス対策ソフトには悪意のある攻撃からパソコンを守る機能が多く備わっています。

　ウイルス対策ソフトの一般的な提供形態はアプリケーションであり，各パソコンにインストールする方法をとります。膨大な数のパソコンにインストールするのは運用負荷が大きいという場合には，その代わりとしてルーターやファイアウォールなどネットワークのゲートウェイ機器にウイルス対策機能を持たせる場合もあります。

　なお，複数のパソコンにウイルス対策ソフトを導入する際には，管理者機能を備えた，ビジネス向けのウイルス対策ソフトを用いることで，各端末の状況把握（例：アラートが出ていないか）も可能であり，全端末のセキュリティレ

ベルの統一と状況把握に効果的といわれています[3]。

　ウイルス対策ソフトにおけるウイルスの一般的な検知方法は，ウイルスとウイルス定義データベース（パターンファイル）とを比較して発見するパターンマッチングと呼ばれる方法です。

【図表１】 パターンマッチングのイメージ

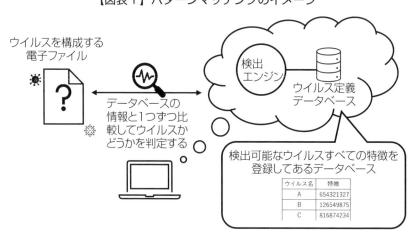

2　ウイルス対策ソフトの限界

　もっとも，ウイルス対策ソフトの導入だけではサイバーセキュリティに係る対策として十分とはいえません。実際に警察庁による公表資料によればランサムウェア感染被害を受けた企業・団体等のうち92％はウイルス対策ソフトを導入していたものの79％は検出がなかったとされています[4]。

　攻撃者の観点からすると，ウイルスを作成する場合，まずは市販されている

3　山本了宣「法律事務所の情報セキュリティ対策」（日弁連「自由と正義」75巻３号28頁～）

4　警察庁（2024年３月14日）「令和５年におけるサイバー空間をめぐる脅威の情勢等について」48頁

　https://www.npa.go.jp/publications/statistics/cybersecurity/data/R 5 /R05_cyber_jousei.pdf

ウイルス対策ソフトを利用して，自らが作成したウイルスを試すことが想定されます。ウイルス対策ソフトで検知されなければ，攻撃が成功する可能性が高まるからです。そして，ウイルスがウイルス対策ソフトで検知されないことを実験してから，攻撃に利用します。

それに対し，パターンマッチングにおいては，ウイルス対策ソフトのメーカーがウイルスを検体として捕獲し，最新のパターンファイルを作成のうえ，ウイルス対策ソフトに「更新パターンファイル」として配布します。

このようなプロセスを経るため，ウイルスが発見されてから実際にウイルス対策ソフトが当該ウイルスを駆除できるようになるまでにはタイムラグが生じます。

日々新しいウイルスが世界中で作られているため，パターンマッチング型のウイルス対策には限界があり，これがウイルス対策ソフトでは防ぎきれない理由となっています。

また，侵入型と呼ばれるランサムウェア攻撃では，ランサムウェアを確実に実行するために，攻撃者はランサムウェアの実行前にセキュリティ対策ソフトの機能を停止させることがあるとされています[5]。

3　多層的防御としてのEDR導入

上記のとおり，ウイルス対策ソフトだけではパソコンのセキュリティ対策として万全ではないのが現実です。

IPAは，「サイバー攻撃を情報システムと外部環境との接続点で防御しきることは不可能であることを前提に，セキュリティ対策を組み合わせ，一つの対策が破られても次の対策で防御する，あるいは防御しきれなくてもインシデントを速やかに検知するといった，多層防御のアプローチが望まれる」[6]と指摘しています。なお，多層的防御については本書Q1-2で詳述しています。

5　トレンドマイクロ社「ランサムウェア」
　https://www.trendmicro.com/ja_jp/security-intelligence/research-reports/threat-solution/ransomware.html
6　IPA「サイバーセキュリティ経営ガイドライン Ver3.0実践のためのプラクティス集 第4版」(2023年10月31日) 37頁
　https://www.ipa.go.jp/security/economics/hjuojm00000044dc-att/cms_practice_v4.pdf

　以下の【図表2】は，この指摘とともに，IPAから紹介されている多層防御の例です。

【図表2】多層防御の一例

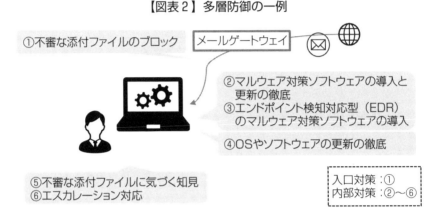

（出典）IPA「サイバーセキュリティ経営ガイドライン Ver3.0実践のためのプラクティス集　第4版」
（2023年10月31日）37頁

　この【図表2】の③で挙げられており，近年重要性が指摘されているのがEDR（Endpoint Detection and Response）です。警察庁もその公表資料の中でランサムウェアへの対策として，ウイルス対策ソフトの導入に加えて，「ネットワークに侵入されてしまった場合にネットワーク内の不審な挙動を検知し感染拡大や外部からの侵入の範囲拡大を阻止するため，EDRの導入も検討してみてください」とし，EDR（Endpoint Detection and Response）の導入の重要性について言及しています[7]。EDRの役割については次Qで詳述します。

　以上のとおり，ウイルス対策ソフトは既知のウイルスを発見・駆除してくれるサービスなのでセキュリティにおいて必要ではありますが，ウイルス対策ソフトを入れているから十分ではないことを認識しておくことが重要です。

7　警察庁「ランサムウェア被害防止対策」
　https://www.npa.go.jp/bureau/cyber/countermeasures/ransom.html

Q4‑3 パソコンのセキュリティとしてEDRをインストールしておけば十分ですか？

A EDRを導入するのみではセキュリティ上十分な対策とはいえません。EDRの機能を理解したうえで，ウイルス対策ソフトをはじめとした多層的防御が必要となります。

解説

1 EDRとは

EDR（Endpoint Detection and Response）とは，ネットワークに接続されたパソコンやサーバ，スマートフォンなどの端末機器に侵入したウイルスやランサムウェアなどのサイバー攻撃を検出し，管理者に通知する技術です[8]。エンドポイント（パソコンやスマートフォンなどの端末）のセキュリティ対策は大きく2種類に分けられます。1つは攻撃の侵入を防ぐ役割で，もう1つは侵入した攻撃を検知して駆除などの対応をする役割です。EDRは後者の役割を担うものです。

EDRを導入し，ネットワーク内の不審な挙動を早期に発見することで，感染端末を隔離し，感染拡大を阻止することができます。

また，EDRは不審な挙動を記録する機能を有するため，端末への不正なプログラムの侵入経路・実行処理や電子データの外部流出の履歴を追跡できる場合があります。

そのため，インシデント発生の原因を特定しやすく，早期に適切な対処を行うことにもつながります。

---

8 IPA「中小企業の情報セキュリティ対策ガイドライン 第3.1版」51頁
https://www.ipa.go.jp/security/guide/sme/ug65p90000019cbk-att/000055520.pdf

【図表1】EDRの役割

EDRの仕組みとしては，エンドポイントの各端末や機器にエージェントと呼ばれる情報収集を行うソフトウェアを導入し，エンドポイントの使用状況や通信内容などのログを一定期間収集します。その後不審な動きを監視し，異常を発見するとすぐに利用者へ通知する仕組みとなっています。

近年，特に2020年以降は，新型コロナウイルス感染症拡大の影響でテレワークなどのリモートワークが普及し，BYOD（Bring Your Own Device）を認める企業も増え，社内で管理されていない端末やネットワークを利用して業務が行われるようになりました。リモートワークが増加した結果，セキュリティ管理も煩雑になってしまっているという課題を抱えている組織は多いと思われます。従来は各組織のネットワーク単位で行っていたセキュリティ対策ですが，近時では機器や端末単位でセキュリティを強化する必要が高まってきたといえます。実際にIPAが公表する「情報セキュリティ10大脅威」[9]でも「テレワーク等のニューノーマルな働き方を狙った攻撃」が2021年より4年連続でランクインしています。

また，近年のサイバー攻撃は巧妙化しており，明確なターゲットを下調べしてから行う「標的型攻撃」や端末や電子データを暗号化して身代金を要求するランサムウェアなどが増えています。巧妙化するサイバー攻撃の増加に伴って，

---

9 IPA「情報セキュリティ10大脅威2024〔組織〕」
https://www.ipa.go.jp/security/10threats/10threats2024.html

従来の対策だけでは攻撃を未然に防ぐことが困難になりました。

　これらの背景から，多層的なセキュリティ対策が重要となってきており，EDRへの注目度が高まっています。

2　ウイルス対策ソフトとEDRの併用による効果

　従来のエンドポイントセキュリティとしては，ウイルス対策ソフトがありますが，これは事前に登録したウイルスと同じ挙動をするプログラムを駆除することを目的としています。ウイルス対策ソフトのウイルスの一般的な検知方法は，ウイルスとウイルス定義データベース（パターンファイル）とを比較して発見する，パターンマッチングと呼ばれる方法です。そのため，未知の攻撃に対しては，侵入を完全に防止することはできません。

　他方で，EDRは前記のとおり，パソコンやサーバといったエンドポイントでの不正な振る舞いを検出して，ウイルスに感染した後の対応を迅速に行うことを目的としています。

　両者の違いをたとえていうと，ウイルス対策ソフトは指名手配済みのウイルスを駆除するものであり，EDRは指名手配はまだされていないものの挙動が不審なウイルスを検知・駆除するものといえます。

　このとおり，ウイルス対策ソフトとEDRはそれぞれで役割が異なるため，両者を併用し，ウイルス対策ソフトでウイルスを駆除しつつ，それでもすり抜けてくる脅威にEDRで検知，対応を行う対策が推奨されます。

第5章

クラウドのセキュリティ

Q5-1 クラウドサービスのメリットは何ですか？

A クラウドサービスとは，クラウド事業者のサーバ上で各種サービス機能が提供されており，それをユーザがパソコンやスマートフォンからインターネットを経由して利用する仕組みをいいます。クラウドサービスは，ソフトウェアを稼働させるために必要な機能の設定やアップデートをクラウド事業者側が実施してくれるので，ユーザとしてはインターネット経由でアクセスをすれば特定の機能をすぐに利用することができます。

そのため，管理や利用が簡単という点で，クラウドサービスは中小規模の法律事務所にとってメリットがあります。

解説‥‥‥‥‥‥‥‥‥‥‥‥‥‥‥‥‥‥‥‥‥‥‥‥‥‥‥‥‥‥‥‥‥‥‥‥‥‥‥

1 クラウドサービスとは

【図表1】 クラウドサービスのイメージの一例

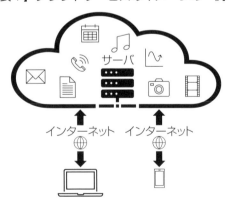

クラウドサービスとは，クラウド事業者のサーバ上で各種サービス機能が提供されており，それをユーザがパソコンやスマートフォンからインターネット

を経由して利用する仕組みをいいます（【図表1】参照）。

　他方，クラウドサービスの対概念をオンプレミス（on premises「ユーザの設備内で利用する」ことを意味します）といいます。

2　クラウドサービスとオンプレミスの一般的な違い

　クラウドサービスの特徴を把握するにあたっては，オンプレミスと比較することが有用ですので，以下のとおり例を挙げて両者の違いを説明します。

　たとえば，弁護士として馴染みがあるものとして書面の電子ファイルの保管を想定してください。小規模な法律事務所ですと各所員のパソコンに電子ファイルを保管し，中規模な法律事務所ですと所内にファイル共有サーバを置いてそこに電子ファイルを保存していると思います。これがオンプレミスです。オンプレミスの環境においては，すべての書面の電子ファイルは手元にあり，かつ，ユーザはインターネットにアクセスしなくても電子ファイルにアクセスをすることができます。

　他方で，クラウドのファイル共有サービスの場合，クラウド事業者がファイルサーバを用意し，ユーザはインターネット経由でそこにアクセスして電子ファイルを保存します。クラウドの環境においては，すべての書面の電子ファイルはクラウド事業者のサーバにあり，かつ，ユーザはインターネットを経由して電子ファイルにアクセスのうえで修正を加えることになります。

　オンプレミスとクラウドサービスとは，ユーザの規模・環境・利用方法に左右されるところですので，一概にどちらが良いということはありません。

　もっとも，クラウドサービスには一般的に以下のような利点があります。

　管理面でみると，クラウドサービスは，ソフトウェアを稼働させるために必要な機能の設定やアップデートをクラウド事業者側が実施してくれるので，ユーザとしては，インターネットを経由してアクセスをすれば特定の機能をすぐに利用することができます。

　これに対して，オンプレミスの場合，サーバやソフトを家電量販店に買いに行き，複雑な配線や各種設定を終えて初めて利用できます。また，定期的に専門の業者に来てもらって保守管理をしてもらうことになります。

　また，クラウドサービスの特徴として，必要な機能を必要な期間だけ契約す

ることができます。たとえば，特定の依頼者との関係で大量の裁判資料の保管が必要となった場合を想定してみてください。クラウドのファイルサーバですと，月額契約できますので，案件継続中だけ利用して，裁判が終わった後はすぐに解約することができます。

　これに対して，オンプレミスだと保管用のサーバや外付けハードディスクを購入することとなります。また，その案件が終了した後でもそれらは簡単には処分できず，不要であるにもかかわらず事務所内の片隅に残り続けることとなります。

　以上の特徴を踏まえると，管理や利用が簡単という点で，クラウドサービスは中小の法律事務所にとってメリットがあるといえます。

Q5-2 クラウドサービスのセキュリティは安全ですか？

A クラウドサービスだから安全または危険，ということはありません。クラウドの仕組みを理解したうえで，ユーザとして適切なセキュリティ対策を講じる必要があります。

解説……………………………………………………………………………………

1 クラウドサービスとオンプレミスとのセキュリティの違い

前Qで，クラウドサービスでは，電子データがユーザの手元ではなくクラウド事業者のサーバ内に保存されると紹介しました。

この点で，クラウドはセキュリティ上のリスクが高いのでは，という疑問があろうかと思います。

もっとも，電子データが法律事務所内のサーバやパソコン内に保管されていても，弁護士等がパソコンを紛失したり，法律事務所がサイバー攻撃を受けたりすれば電子データが流出する可能性があります。筆者らも含め本書の想定読者である中小規模の法律事務所において自らのセキュリティが万全であるという法律事務所はないと思います。

ここで考えるべきは，電子データがどこにあるかではなく，どう守られているか，です。

サイバーセキュリティを物理的なセキュリティにたとえて説明します。泥棒が居宅内に侵入する場面を想定して，この泥棒が正面玄関と外壁の2か所から侵入を試みるものとします。正面玄関からは事前に合鍵を入手していれば容易に侵入できます。建物の設計図に設計ミスがありそれに起因して外壁に想定外の穴が空いていれば，そこからこっそり侵入することも可能です。

【図表1】泥棒が居宅内に侵入するイメージ図

外壁の設計ミス

合鍵を持って
正面玄関から侵入

　サイバーセキュリティでいえば、正面玄関の鍵はアカウントからログインするための認証情報（ID・パスワード）に該当し、設計ミスに起因して外壁に空いた穴は管理者による設定ミスや開発行為に起因する脆弱性に該当します（脆弱性については本書Q1-5を参照ください）。

　オンプレミスであれクラウドサービスであれ、いずれの環境においても主にこの2点を守る必要があります。

　正面玄関（アカウント）については、オンプレミス・クラウドいずれもユーザが鍵（認証情報）を適切に管理しなければならない点で共通します。

　外壁の管理については、オンプレミスであればユーザ（またはユーザが契約する保守管理業者）であり、クラウドであればクラウド事業者になります。

　そうすると、クラウドサービスを契約する時点で適切なクラウドサービスを選定する必要はあるものの、サービス利用開始以降は、ユーザのセキュリティに関する役割はアカウントに係る認証情報の管理に限られる点で、クラウドサービスのほうがオンプレミスよりもユーザ（特にセキュリティに精通していないユーザ）にとって簡便であるといえます。

　同時に、クラウドサービスの利用において最も重要なセキュリティ対策のひとつは、アカウントに係る認証情報の管理ともいうことができます。

2　アカウントに係る認証情報の管理の留意点

　アカウントに係る認証情報の管理にあたって、最も重要となるのは多要素認

証の導入です。多要素認証の重要性の詳細については，本書Q1‐4を参照ください。

　多要素認証を導入することで，クラウドサービスのアカウントのセキュリティは大きく向上します。

　しかも，クラウドサービスでは，この多要素認証の導入が容易であるという付加的メリットがあります。

　たとえば，弁護士および事務職員が複数人在籍する法律事務所においてクラウドサービスのファイル共有サーバを利用する場合に，当該事務所の情報セキュリティの管理者として，全員のアカウントに多要素認証を設定するとします。

　ここで，個々に多要素認証の設定を要請する場合，全員がこの要請に従ってくれるとは限らず，多要素認証の徹底は容易ではありません。多要素認証を設定すると入力が面倒ということで意図的に設定しない者がいるかもしれないですし，業務が忙しく設定を忘れる者もいるかもしれません。そして，仮に1人でも多要素認証を設定し損ねていた場合，不正アクセスのリスクが高まります。

　クラウドサービスでは，全ユーザに対して多要素認証の設定を強制することができます。

　たとえば，Microsoft社のクラウドサービスにおいて試すと，以下のように管理者画面で多要素認証の設定を管理することができます。

　【図表2】の「多要素認証」をクリックすると，【図表3】の画面に遷移します。

【図表2】多要素認証を強制適用する操作の一例①

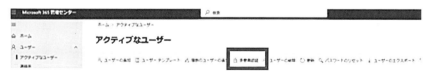

【図表3】多要素認証を強制適用する操作の一例②

　【図表3】のうち、「Multi-Factor Authenticationの状態」が「任意」または「有効」となっているユーザのアカウントについては、「強制」に設定し直すことで、【図表4】の画面に遷移します。

　【図表4】のうち「multi-factor authenticationを強制する」ボタンをクリックすることで、当該ユーザは従前のID・パスワードだけではログインができなくなり、多要素認証を設定することを強制されます。

【図表4】多要素認証を強制適用する操作の一例③

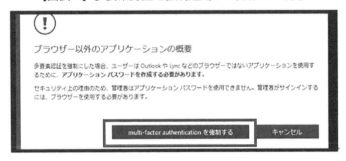

　多要素認証の徹底について、小規模な法律事務所であれば各々に設定を任せることも可能ですが、所員の人数が増えてくると難易度は高まります。

　クラウドサービスのこうした強制適用の設定をうまく活用することは有用です。

Q5-3　クラウドサービスには他にもセキュリティ上の利点はありますか？

A　クラウドサービスについては，管理者がユーザの各種ログを網羅的・統合的に確認できるので，サイバー攻撃を受けた際の被害範囲の確認や，内部者による不正行為の影響範囲の特定が容易になります。

解説‥‥‥‥‥‥‥‥‥‥‥‥‥‥‥‥‥‥‥‥‥‥‥‥‥‥‥‥‥‥‥‥‥‥‥‥‥‥

1　ログとは

　ログとは，コンピュータが保有する接続時刻や処理内容などを記録したファイルのことであり，これを把握することで，ネットワーク内でどのような通信が行われたか，情報システム内で何が起こったかなどを確認することが可能となります。

　身近なところでいうとパソコン上にも様々な動作がログとして記録・保存されています。たとえば，ユーザがパソコンをいつ起動させて，どのような操作をし，いつシャットダウンしたかという情報であったり，当該パソコンにおいて，いつ・どのようなソフトウェアをダウンロードしたのかといった情報がログとして記録されています。その他にも，ユーザが当該パソコンのブラウザを通じていつ・どのような外部のウェブサイトにアクセスしたかという情報もログとして保存されています。

　交通事故においてドライブレコーダーに記録された映像が事故の原因を特定する客観的な証拠として重要であるのと同様に，サイバーインシデントにおいてコンピュータに保存されたログは被害の原因を特定する客観的証拠として重要になります。

2　クラウドサービスにおけるログ

　万が一，法律事務所が不正アクセスをされて電子データを持ち出された場合や，所員が独立や転職に伴って不正に電子データを持ち出した場合，どの範囲の電子データが影響を受けたかは重要な関心事といえます。場合によっては，事後的に影響範囲を調査する必要があるかもしれません。その際の調査において，有用となるのがログです。

　上記のとおりパソコンやオンプレミスのサーバにもログは保存されていますが，多くのログは一見してその内容を読み取ることが容易ではなく（【図表2】参照），それらを確認するには専門的な知識が必要になります。

【図表1】パソコンに保存されたイベントログの一例

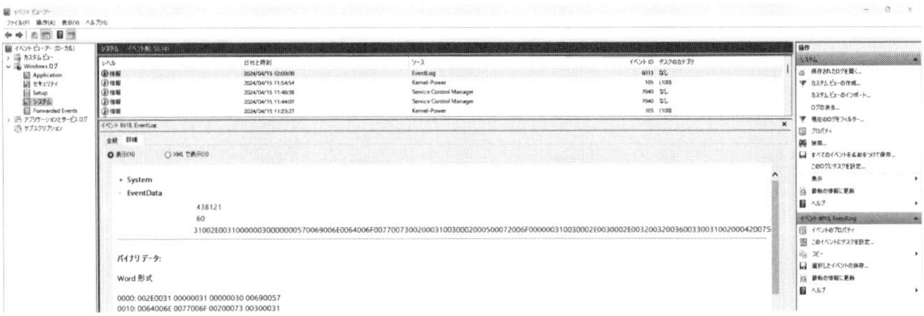

　他方で，多くのクラウドサービスにおいては，このログが見やすいように提供されているため，法律事務所内の情報セキュリティ管理者が網羅的・統合的に確認することが可能です。

　たとえば，【図表2】はMicrosoft社のクラウド型ファイルサーバであるOneDriveについてのログの一例です。

　このファイルサーバには，「いつ」（「日付」列参照），「誰が」（「ユーザー」列参照），「どのファイル」（「アイテム」列参照）に，「どのような操作をしたか」（「アクティビティ」列参照。たとえばアクセスしたのか，コピーをしたのか等）がログとして記録されており，簡単に確認することができます。

【図表2】 ファイルサーバへのアクセスに関するログの一例

日付 ↓	IP アドレス	ユーザー	アクティビティ	アイテム
☐ 2023年3月25日 17:46	■■■■■	■■■■■■	ファイルのアクセス	■■■■.xlsx

　このログ機能をうまく活用すれば，有事の際に，「誰が」，「いつ」，「どのファイル」にアクセスして持ち出したかを把握することが可能となります[1]。

　このログの確認が容易な点もクラウドサービスを活用するうえでのセキュリティ上の利点といえるでしょう。

1　ログには保存期間があり，保存期間は各クラウドサービスによって異なっているので，ご利用のサービスの保存期間をあらかじめ確認しておく必要があります。

第**6**章

サイバーインシデント別の
対応方法

Q6-1 職務上使用していたノートパソコンを紛失した場合，どうすれば良いですか？

A 遠隔ロックサービス等を利用し，不正利用や情報漏えい等を防ぐことが重要です。

その後に，依頼者その他の関係者に損害が生じる危険性が高いか否かを判断し，自ら定めた「取扱情報の情報セキュリティを確保するための基本的な取扱方法」および依頼者との間で締結した契約等に基づいて対応すべきものと考えられます。

なお，個情法上の「個人データ」の漏えい等またはそのおそれのある事案が発生したときは，別途，同法に従った対応が必要となります。

解説···

1 ノートパソコンの紛失

ノートパソコンは，コロナ禍で普及した在宅勤務やテレワークの影響もあり，多くの弁護士等がその職務上使用しています。

もっとも，ノートパソコンは，持ち運ぶことが比較的容易であるため，外出先等で紛失するリスクがあり，その場合には不正利用や情報漏えい等により依頼者その他の関係者に損害が生じる危険が発生することがあります。

2 対応方法等

(1) 不正利用や情報漏えい等の防止措置

職務上使用していたノートパソコンを紛失した場合に備えた対策として，たとえば，MDM（Mobile Device Management／モバイルデバイス管理）があります。

MDMとは，ノートパソコンやスマートフォンを一元的に管理・運用するた

めの機能を提供するソフトウェアです。ノートパソコンやスマートフォンなど
の各端末にMDMをインストールすることで管理者は内蔵記録装置（HDD）
等の暗号化，遠隔操作による電子データ消去などが可能となり，万が一ノート
パソコンを紛失した場合であっても，不正利用や情報漏えい等を防ぐことがで
きます。

【図表1】MDMの機能例

MDMの機能例

　MDMの機能としては次のようなものがあります。
- 内蔵記録装置（HDD等）の暗号化：紛失・盗難等によりテレワーク端末が第三者に渡ってしまった場合に，データを暗号化して漏えいを防ぎます。
- 遠隔操作によるデータ消去：テレワーク端末の紛失・盗難時に，遠隔操作で端末のデータを消去して漏えいを防ぎます。
- 認証ポリシーの強制：端末にログインする際の認証について，パスワードの設定方法等のルールを定めて適用（強制）します。

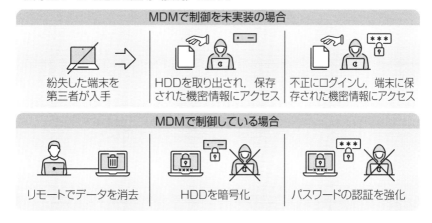

⑵　依頼者その他の関係者に損害が生じる危険の有無・程度の評価

　以上の技術的な対応に続いて，当該ノートパソコンを紛失したことについて，
依頼者その他の関係者に損害が生じる危険の有無・程度を評価します。
　弁護士等が職務上使用していたノートパソコンを紛失したとしても，ただち

に依頼者その他の関係者に損害が生じる危険性が高いという評価になるわけではありません[1]。

　すなわち，この評価にあたっては，まず，第三者が当該ノートパソコンによって取扱情報へアクセスできたか（＝機密性の問題），当該ノートパソコンを紛失したことによって取扱情報を利用できなくなったか（＝完全性または可用性の問題）を確認することとなります。

　その結果，たとえば，紛失した端末について，あらかじめ適切なアクセス制御が行われていれば機密性の問題はなく，また，紛失した端末についてあらかじめ適切にバックアップを取得していれば完全性または可用性の問題はなく，依頼者その他の関係者に損害が生じる危険はなかったと評価することが可能と思われます。

(3)　「取扱情報の情報セキュリティを確保するための基本的な取扱方法」に基づく対応

　当該ノートパソコンを紛失したことについて，上記評価の結果，依頼者その他の関係者に損害が生じる危険性が高いと評価される場合，「漏えい等事故」に該当するとして，「漏えい等事故」が発生した場合の対応の具体的な方法について弁護士等が自ら定めた「取扱情報の情報セキュリティを確保するための基本的な取扱方法」に基づいて対応すべきものと考えられます。

(4)　依頼者との契約等に基づく対応

　他方で，当該ノートパソコンを紛失したことについて，上記評価の結果，依頼者その他の関係者に損害が生じる危険性が高いという評価ではない場合，比較的軽微なセキュリティ「事案」であるとして，その対応については弁護士職務基本規程に規律された信義誠実義務（同規程5条等）および信用等保持義務（同規程6条等）の問題として捉えるべきものと考えられます[2]。

　ただし，その場合であっても，依頼者との契約等の内容を確認し，当該契約等に基づく義務を履行することはもちろん，依頼者その他の関係者に損害が生

1　日弁連・解説22〜23頁参照
2　日弁連・解説21〜22頁参照

じる危険の程度によっては，依頼者その他の関係者に対して「事案」に関する報告等をすることが考えられます。

⑸　個人情報保護法に従った対応

　弁護士等は，そのほとんどが個人情報取扱事業者に該当することから，別途，個情法の適用を受けます[3]。

　そのため，弁護士等は，当該ノートパソコンを紛失したことによって，個情法上の「個人データ」（＝個人情報データベース等を構成する個人情報）の漏えい，滅失もしくは毀損またはそのおそれのある事案が発生した場合，その事案の内容等に応じて必要な措置を講じなければなりません[4]。

　個人情報保護法上の対応については，本書Q8-2を参照ください。

3　日弁連・解説17頁参照
4　個情法ガイドライン（通則編）3-5-2

Q6-2　Emotetとは何ですか？

A メールを感染経路として，感染したパソコン内の情報を窃取し，その情報を利用して別の対象者へのさらなる感染拡大を試みることを特徴としたマルウェアです。

解説・・・

1　Emotetの概要

　Emotetとは，メールを感染経路とし，感染したパソコン内に保存された情報を窃取し，その情報を利用して別の対象者へのさらなる感染拡大を試みることを特徴としたマルウェアです。

　もともとは海外で広く感染が確認されていたマルウェアですが，2019年頃から日本での被害が急増しています。

　Emotetの代表的な被害として，メールソフト内のメール本文やアドレス帳に保存されたメールアドレスが窃取されるというものがあります。

　Emotetの特徴としては，これらの情報を窃取することに加えて，窃取した情報を用いて感染者になりすまして，感染者の取引先などに攻撃メールを再び送付するという点が挙げられます（【図表1】参照）。

【図表1】Emotetの感染経過の一例

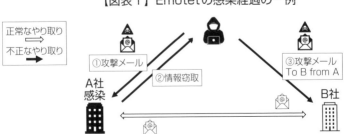

　攻撃メールを受け取った人からすれば，その人が過去にメールのやりとりをしたことのある人からのメールを装って攻撃メールが送られてくることになるため，特段不審に思わずに攻撃メールに添付されているファイル等を開いて実行してしまい，その結果としてEmotetに感染してしまうことになります。

　この特徴が感染被害を増加させる大きな要因です。

【図表2】Emotetの攻撃メールの一例

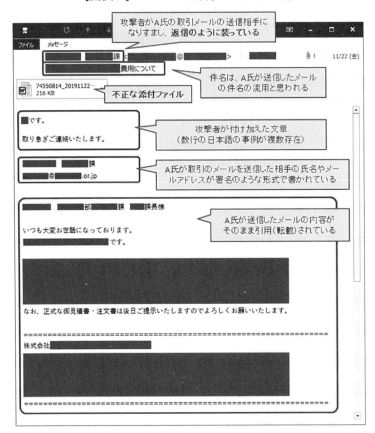

(出典) IPA「Emotet（エモテット）攻撃の手口」（2023年6月29日）
https://www.ipa.go.jp/security/emotet/attack.html

　Emotetは弁護士業務にとっても無関係ではなく，実際に弁護士が被害に遭った事案は少なくありません。

　日弁連からも2020年10月に会員の端末がEmotetと思われるマルウェアに感染したことが原因でメールの内容やメールアドレス等が窃取されて他の会員等にスパムメールが送信されるといった事案が発生したとして注意喚起がなされています。また，2022年3月には同会や各弁護士会等において，実在する組織や人物になりすましたスパムメールの受信事例等が多数報告されており，さら

には日弁連の職員名を騙ったメールが会員の弁護士や弁護士会等に送られるという事象の発生も確認されているとしてさらなる注意喚起がなされました。

2　Emotetによる被害

　Emotetに感染をすると，メール本文やメールアドレス，件名，添付ファイルといったメールソフト内に保存された情報が窃取されます。そして，これらの情報が次の攻撃メールにおいて悪用され，前記のとおり取引先等に対してさらなる感染拡大のための攻撃メールが送られます。

　また，Emotetによる被害としては，メール情報が窃取されるのみではなく，ウェブブラウザ（パソコンやスマートフォン等でインターネットを利用してウェブサイトを閲覧するときに用いられるGoogle ChromeやSafariといったソフトウェアのこと）に保存されている認証情報やクレジットカード情報が窃取されるといった被害も確認されています（【図表3】および【図表4】参照）。

【図表3】ウェブブラウザ「Google Chrome」に保存されている認証情報の
　　　　　一例

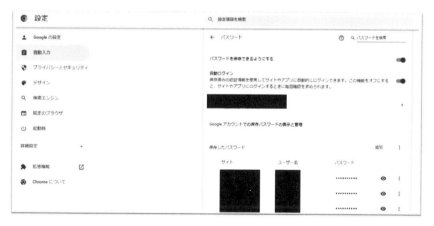

【図表4】 Emotetがウェブブラウザに保存されたクレジットカード情報を窃取することの注意喚起

2022年6月9日
警察庁

┃ **新機能の確認（2022年6月9日）**

　ウェブブラウザ「Google Chrome」に保存されたクレジットカード番号や名義人氏名，カード有効期限を盗み，外部に送信する機能が追加されたことを確認しました。Google Chromeでは個人情報を暗号化して安全に保存していますが，Emotetの新機能は暗号データを元に戻すための鍵も同時に盗み出すため，Emotetに感染すると，お使いのクレジットカード情報が第三者に知られるおそれがあります。

（出典）警察庁「Emotetの解析結果について」（2022年6月9日）
https://www.npa.go.jp/bureau/cyber/koho/detect/20201211.html

Q6-3　Emotetへの対策として何をすべきですか？

A ウイルス対策ソフトの導入など実施可能な技術的対策を実施したうえで，メールを受信した所員がEmotetに感染するアクションをとらないように周知徹底する等の人的対策を実施することが重要です。

解説‥‥‥‥‥‥‥‥‥‥‥‥‥‥‥‥‥‥‥‥‥‥‥‥‥‥‥‥‥‥‥‥‥‥‥‥‥‥‥

　EmotetへのへのIPAや警察庁などから各種の対策が推奨されています[5, 6]。対策の内容としては，大きく分けると技術的対策と人的対策とに分かれています。

1　技術的対策

　Emotetはメールを感染経路とするマルウェアなので，ウイルス対策ソフトのプラグイン機能を活用することが有用です（詳細は本書Q3-2を参照ください）。

　また，Emotetは添付ファイルに悪意のあるプログラム（マクロともいいます）が埋め込まれることがあり，その場合，【図表1】のように「コンテンツの有効化」をクリックすることで悪意のあるプログラムが実行されてしまいます。

5　IPA「Emotet（エモテット）対策」（2023年6月29日）
　　https://www.ipa.go.jp/security/emotet/measures.html
6　警察庁「Emotet対策」
　　https://www.npa.go.jp/bureau/cyber/countermeasures/emotet.html

【図表１】「コンテンツの有効化」に関するIPAからの注意喚起

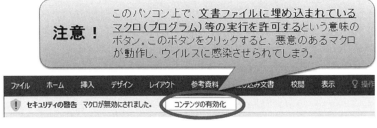

（出典）IPA「Emotet（エモテット）攻撃の手口」（2023年 6 月29日）
https://www.ipa.go.jp/security/emotet/attack.html

　そこで，このプログラムを一律に無効にする設定をして，有効化させないことも一案です。

　そこで，マクロを無効化する方法の一例を紹介します。まず，Wordの「ファイル」をクリックして，左下の「オプション」をクリックします（【図表2】参照）。

【図表２】マクロを無効化する設定の例①

　続いて，左下の「トラスト センター」をクリックして，「トラスト センターの設定（T）……」をクリックします（【図表3】参照）。

【図表3】 マクロを無効化する設定の例②

　左欄の「マクロの設定」をクリックすると，初期の設定では「警告を表示し
てすべてのマクロを無効にする（D)」にチェックが入っています。そのため，
マクロは無効になっていますが，添付ファイルにマクロが存在する場合には
【図表1】のような警告が表示される仕様になっています。これを「警告を表
示せずにすべてのマクロを無効にする（L)」にチェックを入れることで，有
効化するための警告が表示されなくなり，その結果，マクロを一律に無効化で
きます【図表4】。

【図表4】マクロを無効化する設定の例③

　以上の対策を含めて，代表的な対策としては以下のようなものがあります。

- ● ウイルス対策ソフトを導入する。
- ● メールセキュリティ製品を導入する。
- ● マクロを無効化する。
- ● OSやアプリケーションを常に最新の状態にする。
- ● 不正通信ブロックサービスを導入する。

2　人的対策

　技術的な対策をどれだけ実施していたとしても，サイバー犯罪の世界では攻撃方法が進化して既存の技術的対策をすり抜けてくることがあり，すべての攻撃を完全に防ぐということは困難です。そして，この点はEmotetについても同様に当てはまります。

　Emotetはこれまで紹介したとおりメールを感染経路としているところ，ど
れだけ技術的対策を施していたとしても，Emotetに感染させるメールを受信
しないようにすることは困難です。

　ただし，前記のとおりEmotetに感染するには，Emotetに感染させるメール
を受け取った人自身により添付ファイルを開きマクロを有効化するというアク
ションが必要になります。そのため，Emotetへの対策として一番重要なこと
は，メールを受信する所員がEmotetに感染するアクションをとらないように
注意をすることです。

　人的対策として，具体的に以下の対策が推奨されています。

- メールアドレス，差出人名，件名，メール本文，添付ファイル名の内容に身
  に覚えがあるかを確認する。
- 身に覚えのないメールであれば，添付ファイルを開いたり，メール本文中の
  URLリンクをクリックしたりしない。
- 身に覚えのないメールであれば，代表の電話番号や以前直接連絡が取れたこ
  とのある電話番号などの信頼できる情報を用いて直接差出人本人に確認する
  （メールに記載された連絡先を用いて連絡をとらない）。
- メールに添付されたWordファイルやExcelファイルを開いたときに，マク
  ロやセキュリティに関する警告が表示された場合，「マクロを有効にする」
  「コンテンツの有効化」というボタンをクリックしたり，セキュリティに関す
  る警告を無視するような操作をしない（【図表1】参照）。

　また，Emotetに関する最新の攻撃傾向やその対策についての情報を収集し
たうえで，事務所内で共有のうえ，定期的に注意喚起を行うことも重要です。

　なお，最新情報の取得先はいくつかありますが，代表例としてはIPAや
JPCERT，警察庁のウェブサイトが挙げられます。Emotet以外にも被害等が
多いサイバー攻撃の情報を公表し，随時最新情報をアップデートしていますの
で，定期的に確認をすることを推奨します。

　また，弁護士や弁護士会などでの被害が確認された場合には，日弁連や各弁
護士会のウェブサイトにおいても注意喚起がなされることがありますので，こ
ちらも参照しておくとよいでしょう。

Q6-4　サポート詐欺とは何ですか？

A サポート詐欺とは，パソコンでインターネットを閲覧中に，突然ウイルスに感染したかのような偽の画面を表示するなどしてユーザの不安を煽り，画面に記載されたサポート窓口に電話をかけさせ，遠隔操作ソフトをダウンロード・インストールさせたり，サポートの名目で金銭を騙し取ろうとしたりするものです[7]。

解説...

1　サポート詐欺とは

　サポート詐欺とは，パソコンでインターネットを閲覧中に，突然ウイルスに感染したかのような偽の画面を表示するなどしてユーザの不安を煽り，画面に記載されたサポート窓口に電話をかけさせ，遠隔操作ソフトをダウンロード・インストールさせたり，サポートの名目で金銭を騙し取ろうとしたりするものです。

　サポート詐欺被害は，近年非常に増えており，IPAが公表する「情報セキュリティ10大脅威〔個人〕」編では，「偽警告によるインターネット詐欺」が5年連続で取り上げられています[8]。

　純粋なサイバー攻撃というよりは，オレオレ詐欺などの特殊詐欺がインターネットを舞台に行われているという整理が実態に近いといえるでしょう。

7　警察庁「サポート詐欺対策」
　　https://www.npa.go.jp/bureau/cyber/countermeasures/support-fraud.html
8　IPA「情報セキュリティ10大脅威2024〔個人〕」
　　https://www.ipa.go.jp/security/10threats/10threats2024.html

2　警告画面の表示

　以下の【図表1】は，実際の被害事例をもとに，IPAが紹介する警告画面の例です。

【図表1】最近の手口で確認された偽のセキュリティ警告画面の例

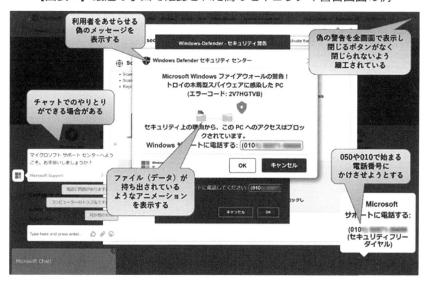

（出典）IPA「偽セキュリティ警告（サポート詐欺）対策特集ページ」（最終更新日：2024年2月27日）
https://www.ipa.go.jp/security/anshin/measures/fakealert.html

【図表2】サポート詐欺において表示される実在する企業のサービスのロゴやサポート窓口の電話番号など

（出典）IPA「偽のセキュリティ警告に表示された番号に電話をかけないで」（最終更新日：2024年2月29日）
https://www.ipa.go.jp/security/anshin/attention/2021/mgdayori20211116.html

IPAによると，これらの画面が表示されるきっかけとして，①不審な広告をクリックすると警告画面が表示された事例，②不審なサイトに誘導する検索結果をクリックするとさらに不審な広告に誘導された事例，③アダルトサイトの動画再生ボタンをクリックすると警告画面が表示された事例および④ブラウザの通知機能を悪用した偽のセキュリティ警告通知をクリックすると警告画面が表示されたという4つの事例が紹介されています[9]。

【図表3】は④の事例に該当します。

【図表3】 ブラウザの通知から偽のセキュリティ警告が表示される事例

(出典) IPA「サポート詐欺の偽セキュリティ警告はどんなときに出るのか？」（最終更新日2024年3月8日）
https://www.ipa.go.jp/security/anshin/attention/2023/mgdayori20240227.html

3 遠隔操作ソフトのインストール

サポート詐欺の特徴の1つとして，画面上に表示された電話番号などに連絡させ，当該パソコンに遠隔操作ソフトをインストールするよう指示する点があります。

この指示に応じてソフトウェアをインストールしてしまうと，【図表4】の

---

9 IPA「サポート詐欺の偽セキュリティ警告はどんなときに出るのか？」（最終更新日：2024年3月8日）
　https://www.ipa.go.jp/security/anshin/attention/2023/mgdayori20240227.html

とおり，パソコンに対して外部から遠隔操作をすることが可能となります。

　その結果，パソコンに保存されている情報が閲覧されたり，外部にファイル
が送信されて窃取されたりするおそれがあります。

【図表4】遠隔操作ソフトを悪用した被害に遭う例

（出典）IPA「遠隔操作を他人に安易に許可しないで」（2020年11月25日）
https://www.ipa.go.jp/security/anshin/attention/2020/mgdayori20201125.html

　遠隔操作により，パソコン内に保存された個人情報が閲覧または窃取された
可能性がある場合には，漏えい等のおそれが生じたとして，個人情報保護委員
会への報告が必要となる場合があります（個人情報保護委員会への報告につい
ては，本書Q8‐2を参照ください）。

　そのため，遠隔操作ソフトのインストールには絶対に応じないようにしま
しょう。

Q6-5 サポート詐欺への対策として何をすべきですか？

A 実際に警告画面が表示された場合，当該画面をただちに終了しましょう。表示された電話番号に連絡してしまった場合であっても遠隔操作ソフトのダウンロードやインストールには絶対に応じず，ただちにネットワークを遮断しましょう。
また，被害に遭わないために，事務所内で，サポート詐欺の傾向とその対応を周知することも重要です。

解説・・

　サポート詐欺の概要については前Q6-4のとおりです。本Qでは，サポート詐欺による一連の詐欺行為の各場面に応じて，実際に被害に遭った際の対応策を紹介します。

1　警告画面が表示された場合や画面上の連絡先に電話等をしてしまった場合の対策

　まず，ウェブサイトを閲覧している際に，間違って広告をクリックしてしまった場合など，不意に警告画面が表示されてしまう場合があります。警告画面が表示された際には，落ち着いて，その画面を終了しましょう。警告画面が表示されただけでは，使用するパソコンに影響はないと考えられます[10]。

　ただし，クリックでは警告画面を終了することができないように細工されている場合があります。その場合は，エスケープキーを長押しし全画面表示を終了させるか，当該パソコンを強制的に再起動しましょう[11]。IPAでは，以下の

10　IPA「偽のセキュリティ警告に表示された番号に電話をかけないで」（最終更新日2024年2月29日）相談事例4を参照
　　https://www.ipa.go.jp/security/anshin/attention/2021/mgdayori20211116.html
11　IPA「サポート詐欺で表示される偽のセキュリティ警告画面の閉じ方」（最終更新日：

【図表1】のように，警告画面が表示された際の画面の閉じ方を公表しています。

【図表1】警告画面の閉じ方の手順

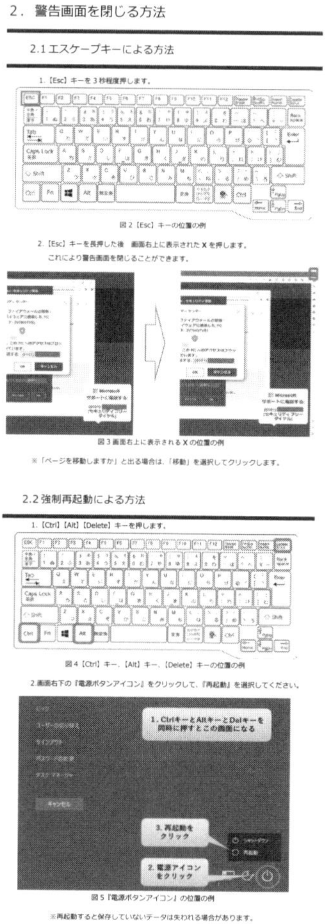
2．警告画面を閉じる方法

2.1 エスケープキーによる方法

1.【Esc】キーを3秒程度押します。

図2【Esc】キーの位置の例

2.【Esc】キーを長押した後　画面右上に表示されたXを押します。
これにより警告画面を閉じることができます。

図3 画面右上に表示されるXの位置の例

※「ページを移動しますか」と出る場合は，「移動」を選択してクリックします。

2.2 強制再起動による方法

1.【Ctrl】【Alt】【Delete】キーを押します。

図4【Ctrl】キー，【Alt】キー，【Delete】キーの位置の例

2.画面右下の『電源ボタンアイコン』をクリックして，『再起動』を選択してください。

図5『電源ボタンアイコン』の位置の例

※再起動すると保存していないデータは失われる場合があります。

（出典）IPA「サポート詐欺で表示される偽のセキュリティ警告画面の閉じ方」（最終更新日：2023年11月15日）3頁および4頁
https://www.ipa.go.jp/security/anshin/doe3um0000005cag-att/20231115173500.pdf

2023年11月15日）
https://www.ipa.go.jp/security/anshin/doe3um0000005cag-att/20231115173500.pdf

　また，表示された電話番号等に連絡してしまった場合であっても遠隔操作ソフトのダウンロードやインストールには絶対に応じてはいけません。ただちにネットワークを切断して構いません[12]が，すでに相手にこちらの連絡先が伝わっていることから，切断後に不審な連絡がある場合があります。その際は応答しないようにし，着信拒否等の設定をしましょう[13]。

2　遠隔操作ソフトウェア等をパソコンにインストールしてしまった場合の対策

　悪意ある第三者の指示に応じて，何らかのソフトウェアをパソコンにインストールしてしまった場合には，ただちにパソコンのネットワークを遮断し隔離したうえで，アンインストール等の対応が必要となります。

　IPAによれば，サポート詐欺によって遠隔操作ソフトをインストールしてしまった場合，アンインストールをするよう推奨されています。また，不審なセキュリティソフトをインストールした場合には，アンインストールの他に，システムの復元を実施することも推奨されています[14]。

　以下の【図表2】は，意図せずにインストールしてしまったプログラムをアンインストールする際の手順として，IPAから公表されているものです。

12　IPA「偽のセキュリティ警告に表示された番号に電話をかけないで」（最終更新日：2024年2月29日）相談事例4を参照
　　https://www.ipa.go.jp/security/anshin/attention/2021/mgdayori20211116.html
13　IPA「偽のセキュリティ警告に表示された番号に電話をかけないで」（最終更新日：2024年2月29日）相談事例5を参照
　　https://www.ipa.go.jp/security/anshin/attention/2021/mgdayori20211116.html
14　IPA「偽のセキュリティ警告に表示された番号に電話をかけないで」（最終更新日：2024年2月29日）相談事例2を参照
　　https://www.ipa.go.jp/security/anshin/attention/2021/mgdayori20211116.html

【図表2】 プログラムのアンインストール手順

（出典）IPA「意図せずにインストールしてしまったプログラムをアンインストールする際の手順」（最終更新日：2021年4月1日）3頁および4頁
https://www.ipa.go.jp/security/anshin/ps6vr70000012unw-att/000090643.pdf

　もっとも，当該パソコンに個人情報（個人データ）が保存されている場合，遠隔操作用のソフトウェアをインストールすることによって，保存されている個人情報（個人データ）に漏えい等のおそれが生じる場合があります。情報漏えい等が実際に生じているか否かを確認するためにフォレンジック調査を行う場合，システムの復元や初期化を実施してしまうと，その調査に影響する可能性があります。そのため，その調査が完了するまではパソコンをそのままネットワークから隔離したうえで保存しておくことが望ましいといえます[15]。

3　サポート詐欺の被害に遭わないための事前の対策

　以上が，実際にサポート詐欺によって警告画面が表示された場合等の対処となります。

　もっとも，サポート詐欺にそもそも騙されないことが重要なのはいうまでもありません。そのためには，事務所内において，サポート詐欺の傾向とその対処方法を周知し共有することが重要です。

　その観点から有用なのが，IPAが公開しているサポート詐欺の検証動画です[16]。この動画ではサポート詐欺によって表示される警告画面と流れる音声の例を，実際に視聴することができます。また，IPAでは，警告画面が表示されてしまった際の画面の閉じ方を体験できるサイトも公表しています（以下の【図表3】および【図表4】は，体験サイトの表示画面です）[17]。サポート詐欺の被害に遭わないよう，事務所内での注意喚起のためにも，これらのウェブサイトをぜひ活用しましょう。

15　IPA「偽のセキュリティ警告に表示された番号に電話をかけないで」（最終更新日：2024年2月29日）3．遠隔操作ソフト等をインストールしてしまった場合の対応
https://www.ipa.go.jp/security/anshin/attention/2021/mgdayori20211116.html
16　IPA「【手口検証動画】偽のセキュリティ警告」（2021年3月30日投稿）
https://www.youtube.com/watch?v=SP00wbawM1k
17　IPA「偽セキュリティ警告画面の閉じ方体験サイト」
https://www.ipa.go.jp/security/anshin/measures/fa-experience.html

【図表3】体験サイトで表示される偽のセキュリティ警告画面

（出典）IPA「偽セキュリティ警告（サポート詐欺）対策特集ページ」（最終更新日：2024年2月27日）
https://www.ipa.go.jp/security/anshin/measures/fakealert.html

【図表4】「ESCキー」を長押しして表示された「閉じるボタン」で画面を閉じる様子

（出典）IPA「偽セキュリティ警告（サポート詐欺）対策特集ページ」（最終更新日：2024年2月27日）
https://www.ipa.go.jp/security/anshin/measures/fakealert.html

Q6-6　ランサムウェアとは何ですか？

A ランサムウェアとは，ランサム（身代金）とソフトウェアからなる造語です。典型的なランサムウェアによる被害としては，端末内の電子データが暗号化されて利用できなくなり，復号（復旧）の対価としてランサム（身代金）が要求されます。
昨今では，電子データの暗号化に加えて，電子データを窃取したうえで，その電子データを公開しないことの対価として身代金の要求を行うケースもあり，電子データの復旧および窃取した電子データの非公開と引き換えに身代金が要求される点で「二重の脅迫」とも呼ばれています[18]。

解説..

1　ランサムウェアとは？

　ランサムウェアとは，ランサム（身代金）とソフトウェアから成る造語です。ランサムウェアによる典型的な被害としては，復号（復旧）の対価としてランサム（身代金）が要求されます。

18　IPA「事業継続を脅かす新たなランサムウェア攻撃について」（2020年8月20日）1頁
https://www.ipa.go.jp/archive/files/000084974.pdf

【図表1】ランサムウェアに感染した場合の画面の例

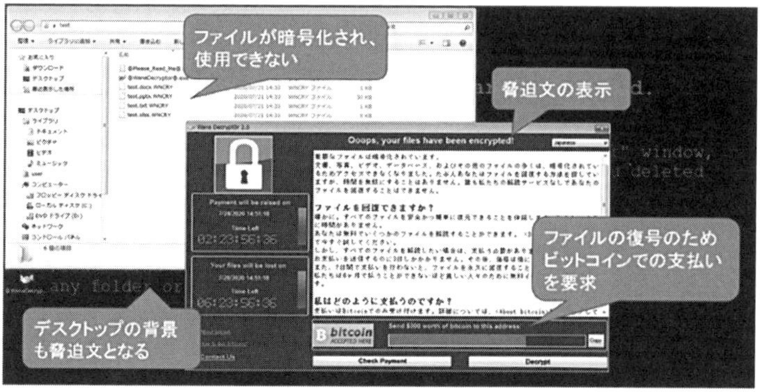

(出典) IPA「事業継続を脅かす新たなランサムウェア攻撃について」(2020年8月20日) 4頁
https://www.ipa.go.jp/archive/files/000084974.pdf

　昨今では，電子データの暗号化に加えて，電子データを窃取したうえで，その電子データを公開しないことの対価として身代金の要求を行うケースもあり，電子データの復旧および窃取した電子データの非公開と引き換えに身代金が要求される点で「二重の脅迫」とも呼ばれています[19]。

　法律事務所の環境で考えると，書面に関する電子ファイルが暗号化され，かつ，盗まれます。そして，暗号化された電子ファイルを復旧してほしければ，または，窃取された電子ファイルを公開されたくなければ，身代金を支払えという脅迫がなされます。

　書面に関する電子ファイルが暗号化されると裁判所や依頼者へ期限どおりに書面を提出できなくなったり，紙媒体で保存していない限り過去の書面を参照できなくなったりするという点で業務上大きな支障が生じます。

　また，依頼者に関する情報が記載された電子ファイルが盗まれて公開されると，弁護士法23条（秘密保持の権利および義務）や弁護士職務基本規程18条（事件記録の保管等），19条（事務職員等の指導監督）および23条（秘密の保持）との関係が問題となりますし，何より依頼者との信頼関係が大きく損なわ

19　IPA「事業継続を脅かす新たなランサムウェア攻撃について」(2020年8月20日) 1頁
　　https://www.ipa.go.jp/archive/files/000084974.pdf

れます。

2　被害の実態

　IPAが公表する「情報セキュリティ10大脅威〔組織〕」編[20]において，ランサムウェアによる被害は，2021年，2022年，2023年，2024年の4年連続1位となっています（【図表2】参照）。ランサムウェアによる被害は，現在最も深刻なサイバーリスクといえます。

【図表2】「情報セキュリティ10大脅威2024〔組織〕」

順位	「組織」向け脅威	初選出年	10大脅威での取り扱い（2016年以降）
1	ランサムウェアによる被害	2016年	9年連続9回目
2	サプライチェーンの弱点を悪用した攻撃	2019年	6年連続6回目
3	内部不正による情報漏えい等の被害	2016年	9年連続9回目
4	標的型攻撃による機密情報の窃取	2016年	9年連続9回目
5	修正プログラムの公開前を狙う攻撃（ゼロデイ攻撃）	2022年	3年連続3回目
6	不注意による情報漏えい等の被害	2016年	6年連続7回目
7	脆弱性対策情報の公開に伴う悪用増加	2016年	4年連続7回目
8	ビジネスメール詐欺による金銭被害	2018年	7年連続7回目
9	テレワーク等のニューノーマルな働き方を狙った攻撃	2021年	4年連続4回目
10	犯罪のビジネス化（アンダーグラウンドサービス）	2017年	2年連続4回目

（出典）IPA「情報セキュリティ10大脅威2024〔組織〕」（最終更新日：2024年3月28日）
https://www.ipa.go.jp/security/10threats/10threats2024.html

　【図表3】の警察庁の公表資料[21]によると，ランサムウェア被害を受けた企

20　IPA「情報セキュリティ10大脅威2024〔組織〕」（最終更新日：2024年3月28日）
　　https://www.ipa.go.jp/security/10threats/10threats2024.html
21　警察庁「令和5年におけるサイバー空間をめぐる脅威の情勢等について」（2024年3月14日）
　　https://www.npa.go.jp/publications/statistics/cybersecurity/data/R 5 /R05_cyber_jousei.pdf

業の9％がすべての業務，87％が一部の業務の停止を余儀なくされていることがわかります。

【図表3】ランサムウェア被害が業務に与えた影響

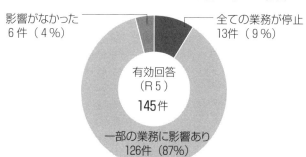

影響がなかった
6件（4％）

全ての業務が停止
13件（9％）

有効回答
（R5）
145件

一部の業務に影響あり
126件（87％）

(出典) 警察庁「令和5年におけるサイバー空間をめぐる脅威の情勢等について」(2024年3月14日)47頁
https://www.npa.go.jp/publications/statistics/cybersecurity/data/R5/R05_cyber_
jousei.pdf

　また同資料によると，復旧までに1週間以上を要した企業が実に52％にも上ることがわかります（【図表4】）。

【図表4】復旧に要した期間

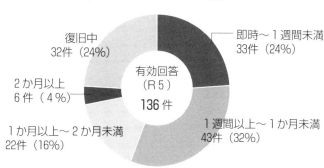

復旧中
32件（24％）

即時～1週間未満
33件（24％）

2か月以上
6件（4％）

有効回答
（R5）
136件

1か月以上～2か月未満
22件（16％）

1週間以上～1か月未満
43件（32％）

(出典) 警察庁「令和5年におけるサイバー空間をめぐる脅威の情勢等について」(2024年3月14日)
26頁
https://www.npa.go.jp/publications/statistics/cybersecurity/data/R5/R05_cyber_
jousei.pdf

　こうしたランサムウェア被害は大企業に限られると思われるかもしれませんが，【図表 5 】によると大企業の被害は36％にとどまり，中小企業が52％，団体等が12％となっており，中小規模の法律事務所も決して無関係ではないといえます。実際に，米国では法律事務所におけるランサムウェア被害が頻発しています（法律事務所の被害については本書Ｑ 1 ‐ 6 を参照ください）。

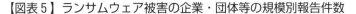

【図表 5 】ランサムウェア被害の企業・団体等の規模別報告件数

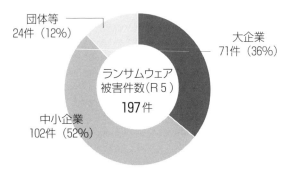

（出典）警察庁「令和 5 年におけるサイバー空間をめぐる脅威の情勢等について」（2024年 3 月14日）
25頁
https://www.npa.go.jp/publications/statistics/cybersecurity/data/R 5 /R05_cyber_
jousei.pdf

　以上を踏まえると，法律事務所としてもランサムウェアについて対策を講じる必要が高いといえます。

Q6-7　ランサムウェアへの対策として何をすべきですか？

A　ランサムウェアの感染経路のうちVPN機器からの侵入が63%を占めます。そのため，法律事務所においてVPN機器を利用している場合は注意が必要です。
このVPN機器の対策として，脆弱性に関するアップデート通知が届いたら速やかにアップデートすることと多要素認証を導入することの2点を推奨します。

解説

1　ランサムウェアの感染経路

　警察庁の公表資料[22]（【図表1】参照）によると，令和5年に報告のあったランサムウェア被害のうち，有効回答件数の63%がVPN機器からの侵入によるものであった点から，6割以上のランサムウェア攻撃がVPN経由であることがわかります（【図表1】参照）。

22　警察庁「令和5年におけるサイバー空間をめぐる脅威の情勢等について」（2024年3月14日）
https://www.npa.go.jp/publications/statistics/cybersecurity/data/R5/R05_cyber_jousei.pdf

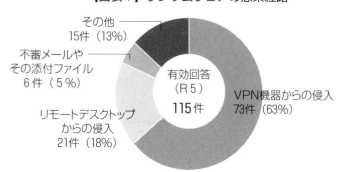

【図表1】ランサムウェアの感染経路

（出典）警察庁「令和5年におけるサイバー空間をめぐる脅威の情勢等について」（2024年3月14日）26頁
https://www.npa.go.jp/publications/statistics/cybersecurity/data/R5/R05_cyber_jousei.pdf

　VPNとは，Virtual Private Networkの頭文字をとった略語で，仮想プライベートネットワークとも訳されます。特定のユーザのみが利用できる仮想ネットワークを構築し，通信内容を暗号化することで，通信のセキュリティと匿名性を高める技術の1つです。

　通信のセキュリティと匿名性を高めるという特徴から，コロナ禍において自宅から法律事務所内のファイルサーバにアクセスするためのリモートワーク用にVPNを導入した法律事務所も多いと思われます。

　ところが，このVPNに脆弱性が見つかり，その脆弱性が悪用された場合，VPNがランサムウェアの感染経路となってしまいます（脆弱性については本書Q1-5を参照ください）。

　セキュリティの目的で導入したVPNがサイバー攻撃の感染経路となっているのは皮肉な結果ともいえます。

　このVPNが感染経路という点の具体的な内容は，2022年10月に発生した大阪急性期・総合医療センターの事案の調査報告書[23]が参考になります。

23　地方独立行政法人大阪府立病院機構 大阪急性期・総合医療センター 情報セキュリティインシデント調査委員会「調査報告書」（2023年3月28日）45頁
　　https://www.gh.opho.jp/pdf/report_v01.pdf

　同報告書には，「VPN機器には，CVE-2018-13379（CVSS ⅴ3 :9.8, 緊急）という脆弱性が存在し，管理者のID，パスワードを保存したファイルを窃取できた」および「同脆弱性を悪用して収集された，世界中の脆弱なVPN機器のグローバルIPアドレス，ID，パスワードが公開されていた。E社のVPN機器のグローバルIPアドレス，ID，パスワードが，同リストに掲載されていた。このことから，公開されたリストにある ID，パスワードを使用して侵入されたと考えるのが合理的である」と記載されています。

　この内容を整理しますと，以下のとおりといえます。

> ①　VPN機器に対してその脆弱性を突くサイバー攻撃がなされて，同機器内に保存されていた認証情報（IDおよびパスワード）が窃取された
> ②　窃取されたVPN機器の認証情報を悪用されて内部に侵入された

2　ランサムウェア被害の対策

　上記のとおりランサムウェア被害におけるVPNの感染経路の構造を踏まえると，対策は以下のとおり脆弱性管理と多要素認証の2点になります。

　なお，VPNに発生する脆弱性の内容によっては，その感染経路は異なる可能性があるものの，この2点はサイバーセキュリティにおける基本的な対策でもあることから，いずれにせよその重要性は極めて高いものと思料します。

⑴　脆弱性管理

　本書Q1-5で紹介したとおり，脆弱性とは，ソフトウェアを構成するソースコード上の欠陥のうち，セキュリティリスクにつながりかねないものをいいます。

　VPN機器の内部にもソースコードから構成されるソフトウェアが含まれており，当該ソフトウェアを構成するソースコード上に脆弱性が存在すると，セキュリティ上のリスクが生じます。たとえば，攻撃者は，正規のID・パスワードを知らなくてもアカウントにログインしたり，そもそもログインをしなくてもアカウント内の情報を外部から抜き取ったりすることが可能になります。

　そこで，この脆弱性の存在を速やかに把握して，脆弱性のないソフトウェアにアップデートすることが重要になります。

　VPNを開発・提供している会社がソフトウェアをリリースした後に当該ソフトウェアに内在する脆弱性を発見すると，速やかに当該脆弱性を修正します。これがいわゆるアップデートです。そして，脆弱性を修正した（すなわちアップデートした）ソフトウェアのリリースを公表したり，利用者に個別に通知をしたりします。これがいわゆるアップデート通知です。

　たとえば，【図表２】は，VPN機器のベンダーであるFORTINET社が，自社のVPN機器に脆弱性（「CVE-2018-13379」）があることを発見したために，ウェブサイト上でアップデートするよう注意喚起をしている例です。

【図表２】脆弱性に関する注意喚起の例

（出典）FORTINET「PSIRTブログ　CVE-2018-13379 に関するアップデート」（2020年12月１日）
https://www.fortinet.com/jp/blog/psirt-blogs/update-regarding-cve-2018-13379

　こうした注意喚起を把握したり，個別の通知を受領したりした場合には，速やかにアップデートすることが脆弱性への基本的な対策となります。

⑵　多要素認証の設定

　速やかなアップデートによる脆弱性の管理と並んで重要な対策となるのが多要素認証の設定です。

　上記の調査報告書でも記載されていたとおり，「CVE-2018-13379」という脆弱性は，認証情報，すなわちログインに必要なIDおよびパスワードが攻撃者により窃取されるタイプの脆弱性でした。

　仮にアップデート通知を見落としたために攻撃者によりVPNへのログイン

情報が窃取された場合，【図表 3 】で示すとおり，ログイン画面において当該
情報を入力することにより容易にログインができてしまいます。

【図表 3 】FORTINET 社の VPN のログイン画面の一例

　ここで，多要素認証を設定していれば不正アクセスを受ける可能性を減少さ
せることができます。なぜなら，ログイン情報である ID およびパスワードは
窃取されたとしても，ログインに必要なもう 1 つの認証情報（たとえばスマー
トフォンの SMS に届く認証番号）は窃取されていないからです。
　本書 Q 1 - 4 で紹介したとおり多要素認証の導入は，サイバーセキュリティ
全般において優先順位が高い重要な対策ですが，ランサムウェアへの対策とし
ても同様に重要性が高い対策といえます。

第 **7** 章

サイバー保険

Q7-1 サイバー保険とは何ですか？

A サイバー保険とは，サイバー攻撃を受けた場合に発生する損害を補償する保険です。サイバー保険の補償対象となる事故は，サイバー攻撃に加えて，メール誤送信，電子データが記録されたUSBの紛失といったヒューマンエラーによる事故，従業員による顧客情報の不正持ち出し等も含まれます。

補償対象となる損害は，「費用損害」，「賠償損害」，「利益損害」の３本柱からなります。

全国弁護士協同組合連合会の弁護士賠償責任保険には，一部の加入型を除き，サイバー保険が自動セットされます。さらにオプションで，保険金の支払限度額を拡大した上乗せサイバー保険への加入も可能です。

解説 ··

1 サイバー保険とは

　サイバー保険とは，文字どおり，サイバー攻撃を対象とした保険，つまり，被保険者がサイバー攻撃を受けた場合に発生する損害を補償する保険です。

　サイバー保険は，自動車保険や火災保険と同じ損害保険の一種であり，一定の事故が起きた場合に，当該事故により発生した一定の損害に対して，（定額ではなく）実際の損害額に応じた保険金が支払われる保険になります。

2 サイバー保険の補償内容

　サイバー保険の補償内容を理解するうえで押さえるべきポイントは，①どのような事故が発生した場合に（対象となる事故），②どのような損害に対して

保険金が支払われるか（対象となる損害）という点です[1]。

(1)　対象となる事故

　サイバー保険はサイバー攻撃を対象とした保険であるという説明をしましたが，実はサイバー保険の補償対象となる事故はサイバー攻撃に限られません。サイバー保険の補償対象となる事故には，情報漏えいも含まれていることから，メール誤送信，電子データが記録されたUSBの紛失といったヒューマンエラーによる事故，従業員による顧客情報の不正持ち出し等も含まれます[2]。

(2)　対象となる損害

　サイバー保険の補償対象となる損害は，加入するプランやオプションとして追加する特約により異なるものの，基本的には，「費用損害」，「賠償損害」，「利益損害」の3本柱からなります。

①　費用損害の補償

　費用損害の補償とは，サイバー攻撃を受けた場合等に，被保険者が対策を講じることによって負担することとなる費用を補償するものです。代表的な費用として，事故原因や被害範囲を調査するために外部の専門事業者に依頼するフォレンジック調査に係る費用があります（フォレンジック調査については本書Q8-4を参照ください）。

　交通事故や火災事故の場合には，その事故原因や被害範囲の調査は原則として警察や消防が実施します。他方，サイバー事故においては，サイバー攻撃を受けた企業において，自社で専門事業者に依頼して事故原因や被害範囲の調査を実施します[3]。そのため，サイバー事故の調査費用等について補償される点

1　そのほか，どのような場合に保険金が支払われないか（免責事由）もポイントといえますが，その内容は複雑で多岐にわたるため，本書では割愛します。

2　サイバー保険を提供する損害保険会社の保険商品ごとに補償対象の範囲は異なりますので，常に補償対象となるわけではないことにはご留意ください。

3　サイバー攻撃が原因で個人データの漏えいが発生した場合には，個人情報保護委員会に対し，漏えいが発生した個人データの項目や本人の数，発生原因等の報告が義務づけられていることから（個情法26条1項，同法施行規則7条3号，8条），フォレンジック

にサイバー保険の特徴があるといえます。

② 賠償損害の補償

賠償損害の補償とは，サイバー攻撃等に起因して被保険者が第三者に対して法律上負担する損害賠償金を補償するものです。たとえば，企業がサイバー攻撃を受けたことにより，自社が管理する個人情報が漏えいした場合，情報が漏えいした個人から損害賠償請求を受ける可能性があります。その場合，当該企業において個人情報の管理につき落ち度があり，それが原因で漏えいが発生したのであれば，企業はその個人に対して法律上の損害賠償責任を負担することになります。

また，企業が管理する取引先の機密情報がサイバー攻撃により漏えいした場合には，当該取引先から機密保持義務違反を理由とした損害賠償請求を受ける可能性もあります。

賠償損害の補償は，被保険者が法律上負担することになるこれらの損害賠償金を補填するものです。

③ 利益損害の補償

利益損害の補償とは，事故がなければ被保険者が得ていたであろう利益（逸失利益）を補償するものです。たとえば，サイバー攻撃を受けて工場制御システムが停止したことで工場での製品の製造が停止した場合に，そのシステムの停止がなければ得られたはずの営業利益の補償がこれに該当します。

利益損害の補償についてはオプションとされているのが通例です。

3 企業におけるサイバー保険の加入率

サイバー攻撃の増加[4]により企業のサイバーセキュリティ対策は急務である

調査は事実上必須となりつつあります。

4 警察庁「令和5年におけるサイバー空間をめぐる脅威の情勢等について」（2024年3月14日）42頁によると，2023年中のサイバー犯罪の検挙件数は3,003件であったとされています。
https://www.npa.go.jp/publications/statistics/cybersecurity/data/R5/R05_cyber_jousei.pdf

ところ，サイバー保険への加入は経済産業省からも企業が実施を検討すべきサイバーセキュリティ対策の1つとして推奨されています[5]。

しかし，一般社団法人日本損害保険協会が2020年10月に実施したアンケート調査の結果によると，サイバー保険に「加入している」と回答した企業は，全体の7.8％にとどまります（【図表1】）。企業規模別に加入率をみると，大企業は9.8％，中小企業は6.7％であり，中小企業のほうが加入が進んでいないことがわかります。

現在のサイバー保険の加入率はこれよりも上昇していると考えられますが，まだまだ加入率は低いといえます。

【図表1】サイバー保険への加入状況

- ①加入している
- ②現在は加入していないが，今後加入予定
- ③現在も今後も加入予定なし
- ④わからない

		①	②	③	④
全体	(1,535)	7.8%	19.4%	39.4%	33.4%
01大企業	(520)	9.8%	16.9%	34.6%	38.7%
02中小企業	(1,015)	6.7%	20.7%	41.9%	30.7%

（出典）一般社団法人日本損害保険協会2020年12月付け「国内企業のサイバーリスク意識・対策実態調査2020集計報告書」（2020年12月）Ⅲ．問13
https://www.sonpo.or.jp/cyber-hoken/data/2020-01/pdf/cyber_report2020.pdf

---

5　経済産業省・独立行政法人情報処理推進機構（JPCERT）「サイバーセキュリティ経営ガイドラインVer3.0」19頁
　https://www.meti.go.jp/policy/netsecurity/downloadfiles/guide_v3.0.pdf

4　弁護士賠償責任保険のサイバー保険

　弁護士協同組合の組合員である弁護士または弁護士法人は，全国弁護士協同組合連合会（以下「全弁協」といいます）の弁護士賠償責任保険[6]に加入することができます。この弁護士賠償責任保険には，一部の加入型を除き[7]，サイバー保険が自動セットされます。

　東京都弁護士協同組合（以下「東弁協」といいます）のウェブサイトで公開されている弁護士賠償責任保険のパンフレットでは，このサイバー保険の対象となる事故および損害について以下の掲載がされています（【図表2】）。

　なお，弁護士賠償責任保険に自動セットされるサイバー保険は，保険金額（保険金の支払限度額）が賠償2,000万円／費用200万円とされているところ，サイバー攻撃により高額化する賠償金や費用（本書Q7-2を参照ください）に備えて，オプションとして上乗せサイバー保険に加入することもできます。上乗せサイバー保険に加入すると，最大で賠償5億円／費用5,000万円（自動セットの金額を含む）の高額補償が選択可能です（【図表3】）。

6　引受保険会社は損害保険ジャパン株式会社，総括代理店は株式会社カイトー。
7　本書執筆時点では，弁護士賠償責任保険の保険金額が1請求につき2,000万円以上の型に加入の場合は自動セットされます。

【図表2】 弁護士賠償責任保険のサイバー保険の商品構成

■ サイバー保険では，以下のそれぞれの対象事由に対して，賠償責任・事故発生時の各種対応費用を包括して補償します

	対象事由	概要
①	情報漏えい・おそれ	被保険者の業務における情報漏えいおよびそのおそれ
②	デジタルコンテンツ不当事由	デジタルコンテンツの使用の結果生じた名誉棄損や，プライバシー侵害，著作権または商標権侵害など
③	サイバー攻撃	被保険者のコンピュータシステムに対する不正なアクセスや処理，操作，犯罪行為など
④	ITユーザー業務	上記①～③以外の被保険者の業務の一環としてのシステムの所有・使用・管理に起因する偶然な事由

賠償責任	事故発生時の各種対応費用
対象事由①～④の発生に起因して他人に損害を与えた場合の賠償責任・争訟費用の補償	対象事由①～④の発生に起因して生じる「事故の調査」から「解決／再発防止」までの諸費用の補償
他人の損害	事故対応に要する諸費用

‥‥‥‥事故発生時の各種対応費用の詳細‥‥‥‥

事故対応特別費用 調査/対応/事態収拾/復旧/再発防止	サイバー攻撃対応費用 初動/早期発見・早期復旧
原因調査から事態収拾まで，サイバー事故の対応にあたり必要となる諸費用を幅広く補償 ●調査：　　　事故原因調査・影響調査 ●事態収拾：　会見・マスコミ対応・コールセンター設置 ●復旧：　　　データ復旧・情報機器復旧 ●再発防止：　コンサルティング	サイバー攻撃またはそのおそれに起因して被保険者が支出した諸費用を補償 ●サイバー攻撃発生の有無の確認のための外部委託費用 ●ネットワークの遮断のための外部委託費用 ●弁護士等の外部の専門家への相談費用
情報漏えい対応費用 見舞金・見舞品/モニタリング	法令等対応費用 相談・調査
情報漏えいまたはそのおそれに起因して被保険者が支出した諸費用を補償 ●上記の事故対応特別費用 ●被害者への見舞金・見舞品 ●情報漏えいのモニタリング	情報漏えいまたはサイバー攻撃によって，公的機関から調査等が行われた場合に，被保険者が支出した諸費用を補償 ●弁護士・コンサルタント等の専門家への相談費用 ●報告書等の文書作成費用，公的機関への報告にかかる費用 ●証拠収集費用・翻訳費用 *（欧州GDPRおよび改正個人情報保護法に対応！）*

（出典）東弁協ウェブサイト
https://www.tokyo-law.com/pdf/service/insurance/lineup/benbai.pdf

【図表3】上乗せサイバー保険の保険金額と年間保険料

（保険期間1年，団体割引20%適用，一括払）

加入型	イ	ロ	ハ	ニ	ホ
支払限度額 （1請求および保険期間中）	賠償5,000万円 費用500万円	賠償1億円 費用1,000万円	賠償2億円 費用2,000万円	賠償3億円 費用3,000万円	賠償5億円 費用5,000万円
基本保険料 （弁護士2名まで）	14,340円	20,120円	25,400円	32,280円	39,750円
加算保険料 （在籍弁護士3名以上1名につき）	3,190円	6,890円	10,160円	12,910円	15,900円

（出典）東弁協ウェブサイト掲載パンフレット（https://www.tokyo-law.com/pdf/service/insurance/lineup/benbai.pdf）をもとに筆者作成

Q7-2　サイバー攻撃を受けた場合，どのような損害が発生しますか？　また，サイバー保険ではどのような損害が補償対象となりますか？

A 特定非営利活動法人日本ネットワークセキュリティ協会（JNSA）公表の資料では，サイバー攻撃を受けた場合に発生する損害を，「① 費用損害（事故対応損害）」，「② 賠償損害」，「③ 利益損害」，「④ 金銭損害」，「⑤ 行政損害」，「⑥ 無形損害」の6つに区分しています。

サイバー保険の補償対象となる損害は，上記6つの損害のうち，基本的には「① 費用損害（事故対応損害）」，「② 賠償損害」，「③ 利益損害」の3つです。ただし，「③ 利益損害」の補償はオプションとされているのが通例です。

解説……………………………………………………………………………………

1　サイバー攻撃を受けた場合に発生する損害の種類と損害額

(1)　JNSAによる整理と調査結果

　特定非営利活動法人日本ネットワークセキュリティ協会（JNSA）から2024年2月に公表された「インシデント損害額調査レポート第2版」（以下「JNSAレポート」といいます）では，インシデントが発生した場合に生じる損害の種類および中小企業において想定される損害額のイメージが以下のとおりに整理されています（【図表1】）。

　同レポートによると，損害額については，インシデントの内容（情報漏えいの件数等）によって大きく異なるものの，中小企業であっても数千万円単位の損失を抱える可能性は否めないとされています。

【図表１】中小企業を想定した具体的な損害額のイメージ

損害の種類		中小企業における損害額のイメージ（参考値）
大区分	小区分	
費用損害（事故対応損害）	事故原因・被害範囲調査費用	300〜400万円
	コンサルティング費用	10〜100万円
	法律相談費用	30〜100万円
	広告・宣伝活動費用	1万人にDM送付した場合，約130万円 地方紙への新聞広告を出稿した場合約50万円
	コールセンター費用	3ヶ月の対応で700〜1,000万円
	見舞金・見舞品購入費用	1万人へのプリペイドカード送付で650万円
	ネット炎上防止費用	対応内容によって大きく異なるが300〜900万円のケースも
	ダークウェブ調査費用	調査内容によって大きく異なるが数百万円以上の額となるケースも
	クレジット情報モニタリング費用	1ヶ月あたり100〜500万円
	システム復旧費用	対応規模等によって大きく異なるが，数百〜数千万円のケースも
	再発防止費用	対応規模等によって大きく異なるが，数百〜数千万円のケースも
	超過人件費	対応規模等によって大きく異なるが，多くの従業員等が対応に追われるケースも
賠償損害	損害賠償金	委託先から預かった情報漏えい事案の場合，上記費用損害の合計額が委託先から求償されることも。ECサイトのクレジットカード情報漏えい事案の場合，不正利用の規模によるが数千万円以上の額の求償がなされるケースも
	弁護士費用等	損害賠償金に比例して高額に
利益損害		数ヶ月の売上高の減少（利益喪失に加え，回避できない固定費の支払い）
金銭損害	ランサムウェアによる身代金	支払いは慎むべきだが，数千万円以上の額の要求がなされるケースも
行政損害		個情法上の罰金は最大1億円
無形損害		顧客離れ，株価下落など換算不能な損失が
合計		ケースバイケースではあるものの，中小企業で数千万円単位，場合によっては数億円単位の損失も。経営に多大な影響が…

（出典）JNSAインシデント被害調査WG「インシデント損害額調査レポート第2版」3頁
https://www.jnsa.org/result/incidentdamage/data/2024-1.pdf

　JNSAレポートでは，インシデント発生時に生じる損害を，「① 費用損害（事故対応損害）」，「② 賠償損害」，「③ 利益損害」，「④ 金銭損害」，「⑤ 行政損害」，「⑥ 無形損害」の6つに区分しています。各損害の内容は以下のように説明されています。

① 費用損害（事故対応損害） 被害発生から収束に向けた各種事故対応（初動対応および調査，対外的対応，復旧および再発防止等）に関してアウトソーシング先への支払を含め，自組織で直接，費用を負担することにより被る損害
② 賠償損害 情報漏えいなどにより，第三者（被害者個人ほか，委託契約における委託元，クレジットカード会社，取引先等の法人）から損害賠償請求がなされた場合の損害賠償金や弁護士報酬等を負担することにより被る損害
③ 利益損害 ネットワークの停止などにより，事業が中断した場合の利益喪失や，事業中断時における人件費等の固定費支出による損害
④ 金銭損害 ランサムウェアをはじめとするマルウェア感染，ビジネスメール詐欺，インターネットバンキングでのなりすまし等による直接的な金銭（自組織の資金）の支払による損害
⑤ 行政損害 個情法において命令違反等により科される罰金，ＧＤＰＲ（ＥＵ一般データ保護規則。日本における個情法に相当）等において課される課徴金等の損害
⑥ 無形損害 風評被害，ブランドイメージの低下，株価下落など，無形資産の価値の下落による損害，金銭の換算が困難な損害

　上記6つの損害のうち，当事務所の実務経験上，最も高額となるのは「① 費用損害（事故対応損害）」です。

　JNSAレポートでは，「① 費用損害（事故対応損害）」に含まれる具体的な費用として，以下の費用が示されています。

事故原因・被害範囲調査費用
専門事業者にフォレンジック調査といわれる，パソコンやネットワーク機器上に残された証拠を解析して，事故原因や被害範囲を特定する調査を委託する費用
コンサルティング費用
インシデントに関する対外的な発信，メディア対応等について専門業者からコンサルティングを受けるための費用
法律相談費用
個情法に基づく対応等についての弁護士への相談費用
広告・宣伝活動費用
被害が発生した顧客等に対してお詫びのダイレクトメールを送付する費用や新聞へのお詫び広告の掲載料
コールセンター費用
被害が発生した顧客等からの問い合わせに対応するためのコールセンターの設置費用
見舞金・見舞品購入費用
被害が発生した顧客等に対してお詫びとして送付するQUOカード等の購入費用
ネット炎上防止費用
SNSなどでの炎上を防止するために，インターネット上でのモニタリング・監視，さらには分析・コンサルティング等を外部事業者に依頼する費用
ダークウェブ調査費用（被害範囲調査費用）
インシデントが情報漏えい事案である場合に，漏えいした可能性のある情報がダークウェブという一般的なウェブブラウザでは閲覧できない匿名性の高いネットワーク上のサイト（闇サイト）で取引されていないかの調査を専門事業者に委託する費用
クレジット情報モニタリング費用
漏えいした可能性のあるクレジットカード情報等の不正使用を監視するために支出するモニタリング費用
システム復旧費用
バックアップからの電子データ復旧費用など，インシデントにより情報システムが消失・改ざん・損傷した場合にこれを復旧するための費用
再発防止費用
セキュリティ製品・サービスの導入費用や従業員に対するセキュリティ教育の費用など，再発防止策を講じるための費用
超過人件費
自組織においてインシデントに対応した従業員の残業代等

⑵　ランサムウェアの調査・復旧に要する費用

　警察庁が2023年にランサムウェアの被害を受けた企業・団体等を対象に実施したアンケート調査の結果では，ランサムウェアの調査・復旧に要した費用総額について，1,000万円以上の費用を要したとの回答が全体の37％を占めており（【図表２】），調査・復旧費用としてかなりの費用が必要となることがわかります。

【図表２】ランサムウェア被害に関連して要した調査・復旧費用の総額

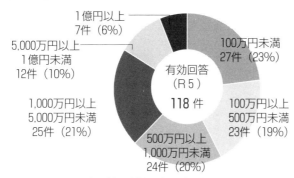

1億円以上
7件（6％）

5,000万円以上
1億円未満
12件（10％）

1,000万円以上
5,000万円未満
25件（21％）

500万円以上
1,000万円未満
24件（20％）

100万円未満
27件（23％）

100万円以上
500万円未満
23件（19％）

有効回答
（R５）
118件

注　図中の割合は少数第1位以下を四捨五入しているため，統計が必ずしも100にならない。

（出典）警察庁「令和５年におけるサイバー空間をめぐる脅威の情勢等について」（2024年３月14日）
https://www.npa.go.jp/publications/statistics/cybersecurity/data/R５/R05_cyber_jousei.pdf

⑶　法律事務所がサイバー攻撃を受けた場合に発生する費用の一例

　東弁協のウェブサイトで公開されている弁護士賠償責任保険のサイバー保険のパンフレットでは，例として，標的型メール攻撃により，弁護士２名の法律事務所においてパソコン３台がマルウェアに感染し，依頼者の情報が漏えいした可能性が生じた場合，フォレンジック調査費用600万円（200万円×３台分），データ復旧費用・システム修復費用300万円（100万円×３台分），謝罪文書や見舞品の送付費用100万円，再発防止のためのセキュリティ対策の導入費用500万円の総額1,500万円の費用が発生することが想定されると説明されています（【図表３】）。

【図表3】 サイバー攻撃が発生した際の「費用」の例

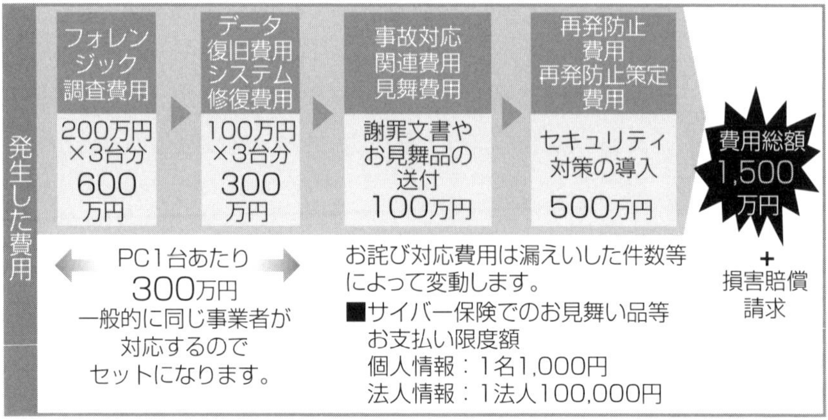

(出典) 東弁協ウェブサイト (2024年3月末時点)
https://www.tokyo-law.com/pdf/service/insurance/lineup/benbai_cyber.pdf

2 サイバー保険で補償される損害の種類

　サイバー攻撃を受けた場合に発生する損害は,JNSAレポートでは6つの類型が示されていますが,それらすべてがサイバー保険の補償対象になるわけではありません。

　国内の保険会社が提供するサイバー保険において補償対象となる損害は,JNSAレポートで示されている6つの損害のうち,基本的には「① 費用損害（事故対応損害)」,「② 賠償損害」,「③ 利益損害」の3つです。

　ただし,「③ 利益損害」の補償はオプションとされているのが通例です。

　また,「① 費用損害（事故対応損害)」については,事故に対応するために支出したすべての費用が補償対象となるわけではなく,約款に定められた一定の費用が補償対象となります。前記1(1)において「① 費用損害（事故対応損害)」に含まれる費用として示した費用（事故原因・被害範囲調査費用等）は概ね補償対象となります。

　「④ 金銭損害」,「⑤ 行政損害」,「⑥ 無形損害」については,原則としてサイバー保険の補償対象となる損害には含まれません。ただし,一部の保険会社のサイバー保険では,「④ 金銭損害」について,ビジネスメール詐欺（BEC）

による金銭被害やインターネットバンキングにおける不正送金被害をオプションとして補償対象としているケースもあります。

Q7-3 サイバー保険には，どのような副次的効果がありますか？

A サイバー保険に加入した場合の付帯サービスとして，専門事業者の紹介サービスを提供する保険会社があります。サイバー攻撃を受けた直後の緊迫した状況下において，各保険会社が提携している外部の専門家の紹介を受けることができるのは，サイバー保険の大きな副次的効果といえます。

また，サイバー保険にセキュリティ製品を一体化したパッケージ商品を提供する保険会社もあり，サイバーセキュリティ対策の必要性を感じても何から始めてよいかわからないという法律事務所にとって導入しやすい商品といえます。

解説

1 サイバー保険の付帯サービス

(1) 専門事業者の紹介サービス

サイバー攻撃を受けた場合，被害企業だけで事後対応を行うことは容易ではなく，様々な専門事業者のサポートを受けることが重要となります。

たとえば，サイバー攻撃の原因や被害範囲について調査をする場合，第三者機関であるセキュリティベンダーにフォレンジック調査を依頼することになります。

また，サイバー攻撃を受けた事実を公表する場合には，情報が漏えいした被害者等の利害関係者から大量の問い合わせが寄せられるので，それに対応するためのコールセンターを設置することもあります。

サイバー保険においては，本書Q7-1およびQ7-2で紹介した金銭的な損失の補償だけでなく，サイバー攻撃を受けた企業を総合的にサポートすべく，セキュリティベンダー，コールセンターといった専門事業者を紹介するサービ

スを提供する保険も存在します[8]。

　サイバー攻撃の事後対応であるインシデントレスポンスの現場においては，混乱を極めていることが多く，また，有事になって急に専門事業者を探しても適切な専門事業者を確保することは容易ではありません。こうした有事の状況下において，各保険会社が提携している外部の専門事業者の紹介を受けることができるのは，サイバー保険の大きな副次的効果といえます。

⑵　サイバー保険とセキュリティ製品とのパッケージ商品

　昨今では，事故が起きた後の補償であるサイバー保険の提案とあわせて，事故を未然に防ぐためのセキュリティサービスの提案も行われています。

　わかりやすい一例として，サイバー保険に加えてセキュリティ製品であるEDRがセットとして販売されている例があります（EDRについては本書Q4-3を参照ください）。

　これは，ランサムウェアなどのマルウェアによる攻撃を受けた場合に，EDRが早期に検知して被害端末を隔離してくれるため，そもそもサイバー攻撃による被害が発生・拡大するリスクを低減させることができることに加え，仮に被害が発生してもサイバー保険が損害を補償してくれるという内容です。

　リスクマネジメントの観点からは，ウイルス対策ソフトやEDRといった技術的なセキュリティ製品の導入はリスクの低減に当たるのに対して，サイバー保険の加入はリスクの転嫁に当たります。

　そうすると，サイバー保険にセキュリティ製品を加えたこれらの商品は，サイバーリスクの転嫁および低減の両方の効果を有するため，サイバーリスクのマネジメント上有用な商品といえます[9]。

8　たとえば，三井住友海上火災保険株式会社のサイバープロテクターにおいては，サイバー保険の加入企業は「専門事業者紹介サービス」を受けることができるとされています。
　https://www.cyber-protector.com/professionalintroduction/

9　その他にも，あいおいニッセイ同和損害保険株式会社は，同社のサイバー保険の提案とあわせて，協業するセキュリティベンダーが提供するセキュリティサービスの紹介も同時に行っています。サービスラインナップをみる限り，①ルール作り・従業員教育，②端末対策，③出入口対策，④ウェブサイト対策といったセキュリティサービスの紹介が確認できます。
　https://www.aioinissaydowa.co.jp/corporate/about/news/pdf/2021/news_2021072900885.pdf

　また，セキュリティ製品がインシデントのアラートやログの保存機能を備えている場合には，そのアラートやログに基づいて速やかに保険金の支払を受けることができるなど，サイバー保険と連動している点や，セキュリティサービスの導入の結果，セキュリティ対策が強化されることで，サイバー保険の保険料割引が適用できる点でも，パッケージ商品の導入にはメリットがあります。

　サイバーリスクは，技術的な要素が強いため具体的なイメージを持ちづらく，また多種多様なセキュリティ製品が市場に溢れているため，サイバーセキュリティ対策の必要性を感じても何から始めてよいかわからないという法律事務所も少なくないと思います。

　そうした法律事務所にとって，サイバー保険とセキュリティ製品とのセット商品の導入は，サイバーセキュリティ対策の第一歩として取り組みやすいものといえます。

2　弁護士賠償責任保険で利用できるサービス

　全弁協の弁護士賠償責任保険のサイバー保険（上乗せサイバー保険だけでなく，弁護士賠償責任保険に自動セットで付帯されるサイバー保険も含みます。詳細は本書Q7‐1を参照ください）にも，「緊急時サポート総合サービス」というサイバー事故発生時の対応をトータルサポートするサービスが無料で付帯されています（【図表1】）。

【図表1】緊急時サポート総合サービス

無料サービス	緊急時サポート 総合サービス	サイバー保険にご加入の方のみご利用いただけます。 弁護士賠償責任保険（加入型G2～M2，G1～M1） に付帯されるサイバー保険（自動セット）も含みます。

万が一の際，ご用命により，SOMPOリスクマネジメント㈱が必要な各種サポート機能を調整し，ご提供します。また，これらの機能にかかる費用は，サイバー保険を通じて充当することが可能です（ファイナンス機能の役割を果たします。）。

事故の検知	初動対応	原因調査	被害抑制	事態収拾	再発防止
■異常の検知 ■不正アクセス有無の調査 ■検知内容の精査	■ネットワークの遮断 ■情報漏えいの調査 ■影響範囲の調査 ■影響箇所の特定	■原因調査 ■状況調査 ■被害調査 ■証拠保全	■炎上抑制対応 ■被害拡大防止対策 ■データ・機器等復旧 ■コールセンター立ち上げ	■記者会見 ■広報対応 ■見舞品・見舞金 ■弁護士相談	■再発防止コンサルティング ■再発防止策実施証明書

←――――― サイバー保険の保険金で充当 ―――――→

有事の対応

緊急時サポート総合サービスで対応（サイバー保険の無料付帯サービス）

調査・緊急対応支援機能	緊急時広報支援機能	コールセンター支援機能	信頼回復支援機能	GDPR対応支援機能	コーディネーション機能
・事故判定 ・原因究明 ・影響範囲調査支援 ・被害拡大防止アドバイス 　　　　など	・記者会見実施支援 ・報道発表資料のチェックや助言 ・新聞社告支援 ・SNS炎上対応支援（公式アカウント対応サポート） ・WEBモニタリング・緊急通知 　　　　など	・コールセンター立上げ ・コールセンター運営 ・コールセンターのクロージング支援 　　　　など	・再発防止策の実施状況について証明書を発行 ・格付機関として結果公表を支援 　　　　など	・GDPR対応に要する対応方針決定支援 ・監督機関への通知対応支援 ・外部フォレンジック業者・協力弁護士事務所の紹介 　　　　など	・必要となる各種サポート機能の調整 ・法令対応等について協力弁護士事務所を紹介 　　　　など

（出典）東弁協ウェブサイト（2024年3月末時点）
https://www.tokyo-law.com/pdf/service/insurance/lineup/benbai.pdf

　この「緊急時サポート総合サービス」は，インシデントが発生した際，損害保険ジャパン株式会社のグループ会社で，サイバーセキュリティ事業を行うSOMPOリスクマネジメント株式会社が，事故対応に必要な各種サポート機能を調整・提供するサービスになっています。

3 サイバー保険と弁護士情報セキュリティ規程との関係

2024年6月1日に施行された弁護士情報セキュリティ規程では，取扱情報の漏えい，滅失，毀損等の事故が発生した場合，弁護士等は，その影響範囲の把握に努め，必要に応じ，被害の拡大防止，原因調査，再発防止策の検討その他の措置を講じなければならないとされています（同規程7条）。

そして，その具体的な方法（講じるべき措置の具体的内容）について，日弁連がサンプルとして示している「基本的な取扱方法」では，「原因を調査し，情報主体への連絡，マルウェアに感染した情報機器の停止若しくはネットワークからの遮断又はセキュリティ対策ソフトウェアによる検査若しくは駆除等の応急措置を実行する」，「必要に応じ，外部の情報セキュリティの専門家等の助言又は補助を得る」，「調査の結果判明した原因についての対策を実行する」といった対応が挙げられています。

上記の「緊急時サポート総合サービス」のサービス内容からすると，同サービスは，「弁護士情報セキュリティ規程」によって弁護士等に義務づけられる，漏えい等事故が発生した場合に必要とされる対応を講じるうえでも役立つものといえます。

第 **8** 章

有事対応上の留意点

Q8-1 サイバーリスクが顕在化した場合に，初動対応として何をすべきですか？

A まずは，被害が疑われるパソコンをネットワークから隔離して被害の拡大を防止し，そのうえで専門家または保険会社に連絡をすることを推奨します。

解説……………………………………………………………………………………

1 インシデントレスポンスの概要

　サイバー攻撃を受けた場合，被害拡大を防ぎつつ業務復旧を目指した対応を進めることになります。こうした対応をインシデントレスポンスといいます。

　弁護士情報セキュリティ規程7条においても，「弁護士等は，取扱情報の漏えい，滅失，毀損等の事故が発生した場合には，その影響範囲の把握に努め，必要に応じ，被害の拡大防止，原因調査，再発防止策の検討その他の措置を講じなければならない」として，取扱情報の漏えいや滅失，毀損事故等が発生した際に適切な措置を講じるべき努力義務[1]を定めています。同条は，弁護士等に対して適切なインシデントレスポンスを実施すべき義務を定めたものと考えられます。

　サイバー攻撃においては，時間の経過とともに被害が拡大していくことが多いため，「被害の拡大防止」のために迅速に初動対応を開始する必要があります。

　もっとも，実務上，迅速に初動対応を開始することは容易ではありません。たとえば，メールに添付された不審なファイルを開封してしまったとしても，そのメールおよび添付ファイルがサイバー攻撃の一部だと気づかないことがあります。仮にサイバー攻撃を受けたことに気づいたとしても，被害直後の緊迫

した状況下においては何から着手してよいかわからなくなることも想像に難くありません。また，初期の段階では，被害の深刻さが把握できないため，いったんは様子見という決定をすることも少なからず散見されます。

　こうした状況に陥ることを避けるため，平時から，有事に備えた対応方針を定めておくことは有用ですが，それすらも難しいということであれば，最低限の初動対応として，被害が疑われるパソコンをネットワークから隔離することと，専門事業者または（サイバー保険に加入している場合は）保険会社へ連絡することの2点を推奨します。

2　ネットワークからの隔離

　初動対応において最も重要な対応は，被害の封じ込めであり，具体的にはパソコンをネットワークから遮断することです。ケガをした際にたとえると，まずは止血作業をすることになります。

　たとえば本書Q6-2およびQ6-3で紹介するEmotetによる典型的な被害は，メールに添付されたファイルが起点となって感染が開始し，メールソフト内部のメールやアドレス帳に保存されたメールアドレスといった電子データが外部に送信される形で窃取されます。パソコンがEmotetに感染したとしても，速やかにパソコンをネットワークから隔離することにより，電子データが外部に送信されることを未然に防ぐことができる可能性があります。

　また，本書Q6-6およびQ6-7で紹介するランサムウェア攻撃においては，ネットワーク内部にあるサーバやパソコンへ次々と暗号化の被害が拡大します。各端末をネットワークから隔離することで被害の封じ込めが可能になります。

　なお，ネットワークの遮断は，無線・有線双方の観点から徹底が必要であり，たとえば，有線のネットワークを抜いても無線のWi-Fi接続が残りうることに注意が必要です。そのため，LANケーブルを抜くことに加えて，Wi-Fi接続をオフにすることも重要です（【図表1】）。

【図表 1】 Wi-Fi接続をオフにする操作の一例

3 専門事業者または保険会社に対する連絡

続いて必要となるのが, 専門事業者への連絡です。ケガをした際にたとえると, 止血作業をした後に救急車を呼ぶことを意味します。

インシデントレスポンスにおいては, 前記のパソコンのネットワークからの隔離のほか, フォレンジック調査等の技術的対応 (フォレンジック調査やログの保全。詳細は本書Q8-4を参照ください), 個人情報保護委員会対応 (本書Q8-2), 依頼者および弁護士会対応 (本書Q8-3) 等, 実施すべき事項が多岐にわたるうえ, 専門性が高い事項も含まれます。

多くの法律事務所にとって, これらの実施すべき事項のすべてについて, 所内の人員だけで対応することは容易ではありません。

そこで, インシデントレスポンスにおいては, 外部の事業者に連絡のうえ, そのサポートを適宜利用することが現実的といえます。

また, サイバー保険を提供する保険会社は, サイバー被害のサポート体制として各種専門事業者の紹介サービスを実施しています (本書Q7-3を参照ください)。そこで, サイバー保険に加入している場合には, 当該保険会社から, 初動対応に関する助言や, 外部専門事業者の紹介を受けることができるため, 初動対応の観点からも保険会社に対して連絡することは有用です[2]。

2　この点，山本了宣「法律事務所の情報セキュリティ対策」（日弁連「自由と正義」75巻3号）35頁においては，「小規模事務所が利用できる一般的な外部相談先としては，サイバー保険に付随する電話相談や，独立行政法人情報処理推進機構（IPA）の『情報セキュリティ安心相談窓口』などが考えられる」と指摘されています。

Q8-2 サイバーリスクが顕在化した場合に，個人情報保護法上どのような対応が要求されますか？

A 個情法上の「個人データ」の漏えい等またはそのおそれがある事案が発生したときは，同法に従った対応が必要となります。
具体的には，個人情報保護委員会への報告および漏えい等した個人データに係る本人への通知が必要となります。

解説··

1 個人情報保護法上の対応が必要となる要件

(1) 要件の概要

　弁護士等は，そのほとんどが個情法上の「個人情報取扱事業者」（同法16条2項）に該当することから，個情法の適用を受けます[3]。

　そのため，弁護士等は，サイバー攻撃等により，個情法上の「個人データ」（＝個人情報データベース等を構成する個人情報）の漏えい，滅失もしくは毀損またはそのおそれのある事案が発生した場合，その事案の内容等に応じて必要な措置を講じなければなりません（個情法26条1項および同条2項）[4]。

　具体的には，個人データの漏えい等またはそのおそれのある事案が発生した場合のうち，個情法施行規則7条各号に定める事態（以下「報告対象事態」といいます）が生じた場合に，以下の各対応が義務づけられています[5]。

3　日弁連・解説17頁
4　個情法ガイドライン（通則編）3-5-2
5　日弁連・解説22頁

【図表1】個情法上の対応

> ①　漏えい等が発生し，または発生したおそれがある個人データの項目，漏えい等が発生し，または発生したおそれがある個人データに係る本人の数，原因等を個人情報保護委員会に報告すること（個情法26条1項本文，同法施行規則8条1項各号）
> ②　本人に対しても，漏えい等が発生し，または発生したおそれがある個人データの項目，原因等を通知すること（個情法26条2項本文，同法施行規則10条）

(2)　報告対象事態

　個人情報取扱事業者が，原則として[6]個人情報保護委員会への報告をしなければならないのは，①要配慮個人情報が含まれる個人データの漏えい等が発生し，または発生したおそれがある事態，②不正に利用されることにより財産的被害が生じるおそれがある個人データの漏えい等が発生し，または発生したおそれがある事態，③不正の目的をもって行われたおそれがある個人データの漏えい等が発生し，または発生したおそれがある事態，④個人データに係る本人の数が1,000人を超える漏えい等が発生し，または発生したおそれがある事態のいずれかを知ったときになります（個情法26条1項本文，同法施行規則7条）。

【図表2】報告対象事態

1. 要配慮個人情報が含まれる事態	2. 財産的被害が生じるおそれがある事態
3. 不正の目的をもって行われた漏えい等が発生した事態	4. 1,000人を超える漏えい等が発生した事態

出典：個人情報保護委員会ウェブサイト
https://www.ppc.go.jp/news/kaiseihou_feature/roueitouhoukoku_gimuka/

6　①から④の報告対象事態のいずれにおいても，「高度な暗号化その他の個人の権利利益を保護するために必要な措置を講じた個人データ」については，漏えい等報告は不要とされています（個情法ガイドライン（通則編）3-5-3-1）。

サイバー攻撃事案は，攻撃者に不正な目的があることから，「③不正の目的をもって行われたおそれがある個人データの漏えい等が発生し，または発生したおそれがある事態」に該当します。

また，報告対象事態について留意を要するのは，漏えい等が（実際に）発生した場合に限らず，漏えい等が発生した「おそれ」がある場合が含まれることです。

そのため，漏えい等が発生した確証はないものの漏えい等が疑われる場合には，漏えい等が発生した「おそれ」があるものとして対応する必要があります[7]。

2　個人情報保護委員会への報告

(1)　報告主体

個人情報保護委員会への報告の義務を負う主体は，漏えい等した個人データを取り扱う個人情報取扱事業者になります。

ただし，個人データの取扱いを委託している場合には注意が必要です。委託の場合，委託元と委託先の双方が個人データを取り扱っていることになるため，報告対象事態に該当する場合には，原則として委託元と委託先の双方が報告する義務を負います[8]。

また，委託先が，報告義務を負っている委託元に当該事態が発生したことを通知したときは，委託先は報告義務を免除されます（個情法26条1項ただし

7　個情法ガイドライン（通則編）では，「報告対象事態における「おそれ」については，その時点で判明している事実関係に基づいて個別の事案ごとに蓋然性を考慮して判断することになる。漏えい等が発生したおそれについては，その時点で判明している事実関係からして，漏えい等が疑われるものの漏えい等が生じた確証がない場合がこれに該当する」と解されています。また，サイバー攻撃の事案について，「漏えい」が発生したおそれがある事態に該当しうる事例として，「個人データ……を格納しているサーバや，当該サーバにアクセス権限を有する端末において外部からの不正アクセスによりデータ（筆者注：ここでいう「データ」は個人データに限られません）が窃取された痕跡が認められた場合」，「個人データを格納しているサーバや，当該サーバにアクセス権限を有する端末において，情報を窃取する振る舞いが判明しているマルウェアの感染が確認された場合」等があげられています（以上，個情法ガイドライン（通則編）3-5-3-1）。
8　双方が報告義務を負う場合，委託元および委託先の連名で報告することができます（個情法ガイドライン（通則編）3-5-3-2）。

書）⁹。

　この点について，「弁護士の場合，依頼者から個人データの委託を受けている
ケースもあると思われますが，そのデータに関しては，漏えい等発生時に，
委託元である依頼者へ報告することにより，委託先は義務を免除されることに
なります（委託元の義務を免除する手段はありません）」と指摘されていま
す¹⁰。

⑵　報告期限

　個情法施行規則 8 条は，個人情報保護委員会への報告期限および報告事項を
定めています（【図表 3 】）。

【図表 3 】 報告期限・報告事項

報告期限			報告事項
個人情報保護委員会等	速報	漏えい等の発覚後，速やかに報告 ※概ね 3 ～ 5 日以内	その時点で把握している事項
	確報	30日以内 （サイバー攻撃による場合は60日以内）	⑴　概要 ⑵　漏えい等が発生し，または発生したおそれがある個人データの項目 ⑶　漏えい等が発生し，または発生したおそれがある個人データに係る本人の数 ⑷　原因 ⑸　二次被害またはそのおそれの有無およびその内容 ⑹　本人への対応の実施状況 ⑺　公表の実施状況 ⑻　再発防止のための措置 ⑼　その他参考となる事項

9　個情法ガイドライン（通則編）3-5-3-5
10　日弁連・入門50頁

　個人情報保護委員会への報告は，「速報」（個情法施行規則8条1項）と「確報」（個情法施行規則8条2項）の2種類に分けられます。

　いずれも報告対象事態が発生したことを個人情報取扱事業者が知った[11]時点を起算点として，個人情報取扱事業者は，速報については概ね3〜5日以内，確報については原則として30日以内に個人情報保護委員会に報告を行う義務があります。ただし，不正アクセス等のサイバー攻撃を受けた事案（前記1⑵の報告対象事態③「不正の目的をもって行われたおそれがある個人データの漏えい等が発生し，又は発生したおそれがある事態」）については，確報期限は60日以内とされています。

⑶　報告事項および報告方法

　個情法施行規則8条1項各号は，個人情報保護委員会への報告事項として，前掲【図表3】記載の⑴から⑼の各事項を定めています。

　また，報告は，前記⑴から⑼の各事項を，個人情報保護委員会のウェブサイトの報告フォームに入力する方法により行います（【図表4】）[12]。

　速報の場合，【図表4】の「新規報告」欄をクリックします。

11　報告期限の起算点となる「知った」時点については，個別の事案ごとに判断されますが，事業者（個人情報取扱事業者）が法人である場合には，いずれかの部署が当該事態を知った時点を基準とします（個情法ガイドライン（通則編）3-5-3-3，3-5-3-4）。
12　個人情報保護委員会が個情法150条1項の規定により報告を受理する権限を事業所管大臣に委任している場合には，当該事業所管大臣に報告することを要します。

【図表4】個人情報保護委員会ウェブサイト①　[13]

出典：個人情報保護委員会ウェブサイト。以下図表7まで同じ
https://roueihoukoku.ppc.go.jp/incident/?top=r2.kojindata

　クリックをすると，【図表5】のウェブページに遷移します。【図表5】の
「速報」欄にチェックを入れたうえ，その下に続く入力欄に報告事項を入力し
ていきます。

【図表5】個人情報保護委員会ウェブサイト②

□ 報告内容入力

--- CSVファイルの読込方法 ---
一時保存または前回報告時のCSVファイルをお持ちの場合、CSVファイルから前回の入力内容を読み込むことができます。
①ボタンをクリックしてCSVファイルを選択した後、②ボタンをクリックしてCSVファイルを読み込んでください。
※②ボタンをクリックすると現在の入力内容は破棄されます。
① ［ファイルの選択］ファイルが選択されていません
② ［一時保存または前回報告データの読込］

　報告種別：新規報告
　　○ 速報　　事実確認中/検討中の事項がある場合、こちらを選択してください。
　　○ 確報　　最終的な報告となる場合、こちらを選択してください。

13　なお，マイナンバーを含む漏えい等事案の場合は入力フォームが異なり，下記URLの
　　入力フォームによる必要があります。
　　https://roueihoukoku.ppc.go.jp/incident/?top=r2.mynumber

【図表6】の「事実経過」や「発生原因」は入力欄の一部であり，これらに必要情報を入力します。

【図表6】個人情報保護委員会ウェブサイト③

■ 事実経過

概要：

発覚の経緯・発覚後の
事実経過(時系列)：
（記載例）
○年○月○日：決済代行会社から漏えいのおそれがある旨連絡を受ける
　　※同日：不正アクセスを受けている可能性があるため、ショッピングサイトの
　　　　　　クレジットカードによる決済を停止した。
○年○月△日：自社の情報が漏えいしていることを確認した
○年○月□日：原因や被害等究明のため、○○社にフォレンジック調査を依頼した

※事実経過には被害の拡大防止のためにとった措置も含めて記載してください。

外部機関による調査の
実施状況： ○ 実施済(実施中)
○ 実施予定
○ 検討中
○ 予定なし（詳細：※外部機関による調査を実施しない理由を記載してください。　）
※個人情報保護法規則第7条第3号に該当する場合のみ上記に回答してください。

依頼（予定）日： 2019/01/01
※「実施済(実施中)」又は「実施予定」を選択した場合、上記に記載してください。

■ 発生原因

主体： ○ 報告者 ○ 委託先 ○ 不明

原因： ○ 不正アクセス 　（攻撃箇所 ECサイト ）（攻撃手段 パスワードリスト型攻撃、総当たり ）
○ 誤交付
○ 誤送付（メール含む）
○ 誤廃棄
○ 紛失
○ 盗難
○ 従業員不正
○ その他 （　　　　　　　　　　　　　　　）

詳細：

速報時点での報告内容については，初期的な段階であるため，報告をしようとする時点において把握している内容を報告すれば足りるものと考えられます。
これに対し，確報においては，前記(1)から(9)のすべての事項を報告すること

が求められています。仮に確報を行う時点（報告対象事態を知った日から30日以内または60日以内）において，合理的努力を尽くしたうえで，なおすべての事項を報告できない場合には，その時点で把握している内容を報告し，残りの事項が判明次第，報告を追完する必要があります[14]。

　なお，このように報告が入力フォーム上で完結することから，報告者側で報告内容を記録しておくためには，入力フォーム上で別途CSVファイルおよびPDFファイルを出力し，保存しておく必要があります（【図表7】）。

【図表7】個人情報保護委員会ウェブサイト④

一時保存 （CSV出力）	現在の入力をCSVファイルに保存します。 このCSVファイルを次回再開時に読み込むことにより， 現在の入力状態から再開することができます。
PDF出力 （報告書形式）	入力した報告内容を，報告書形式で確認，出力できます。
旧書式出力 （報告書形式）	令和4年4月1日より報告書の書式が変更となっています。 旧式の控えが必要な場合はこちらからダウンロードできます。

3　本人への通知

　個情法26条1項本文の報告対象事態に該当する場合，原則として，影響が及んだ個人データに係る本人に対し，一定事項を通知（以下「本人通知」といいます）することを義務づけられます。

　なお，当初報告対象事態に該当すると判断したものの，その後実際には報告対象事態に該当していなかったことが判明した場合には，本人通知は不要となります[15]。

　また，通知時期および通知事項は，以下の【図表8】のとおりです。

14　個情法ガイドライン（通則編）3-5-3-4
15　個情法ガイドライン（通則編）3-5-4-3

【図表8】通知時期および通知事項

通知時期		通知事項
本人	当該事態の状況に応じて速やかに通知 ※通知が困難な場合には，公表等の代替措置	(1) 概要 (2) 漏えい等が発生し，または発生したおそれがある個人データの項目 (3) 原因 (4) 二次被害またはそのおそれの有無およびその内容 (5) その他参考となる事項

⑴ 通知時期

　個人情報保護委員会への報告とは異なり，本人通知を行う時期は，「当該事態の状況に応じて速やかに」と規定されているにとどまります（個情法施行規則10条）。

　そして，「当該事態の状況に応じて速やかに」とは，「速やかに通知を行うことを求めるものであるが，具体的に通知を行う時点は，個別の事案において，その時点で把握している事態の内容，通知を行うことで本人の権利利益が保護される蓋然性，本人への通知を行うことで生じる弊害等を勘案して判断する」ものと解されています[16]。

⑵ 通知事項

　個情法施行規則10条は，本人通知の通知事項として，事案の「概要」，「漏えい等が発生し，又は発生したおそれがある個人データの項目」，「原因」，「二次被害又はそのおそれの有無及びその内容」，および「その他参考となる事項」を定めています。

　なお，「その他参考となる事項」としては，たとえば「本人が自らの権利利益を保護するために取り得る措置」等が考えられます[17]。

16　個情法ガイドライン（通則編）3-5-4-2
17　個情法ガイドライン（通則編）3-5-4-3

⑶　通知方法

　本人通知の方法は，「事業の性質及び個人データの取扱状況に応じ，通知すべき内容が本人に認識される合理的かつ適切な方法によらなければならない」ものとされています[18]。

　この点，通知の様式は法令上定められておらず，「本人にとって分かりやすい形で通知を行うことが望ましい」とされているにとどまります[19]。

　個情法ガイドライン（通則編）にて示されている「本人への通知」（および「本人に通知」）の例は，以下のとおりです。

【本人への通知の方法の例[20]】

文書を郵便等で送付することにより知らせること
電子メールを送信することにより知らせること

【本人に通知の方法の例[21]】

ちらし等の文書を直接渡すことにより知らせること
口頭または自動応答装置等で知らせること
電子メール，FAX等により送信し，または文書を郵便等で送付することにより知らせること

18　個情法ガイドライン（通則編）3-5-4-4・2-14
19　個情法ガイドライン（通則編）3-5-4-4
20　個情法ガイドライン（通則編）3-5-4-4
21　個情法ガイドライン（通則編）2-14

　たとえば，弁護士等が多数の依頼者等に本人通知を行う必要がある場合には，電子メール等を活用することが効率的といえます。

　なお，電子メールや郵便を利用する際には，電子メールの誤送信や郵便の誤配送に十分に注意する必要があります。万が一，誤送信または誤配送が生じた場合には，本人通知を発送する原因となったサイバーインシデントとは別個の報告対象事態として，追加のインシデントレスポンスが必要となる場合があり，個人情報保護委員会に安全管理措置義務（個情法23条）の違反・不備があることを疑わせる事情ともなりえます。誤送信または誤配送を防止する方法として，たとえば，郵送による場合には，簡易書留を利用して本人に通知が到達することを担保することが考えられます。

(4)　公表

　本人への通知が困難な場合には，本人の権利利益を保護するために必要な代替措置を講じることにより，本人通知を実施しないことが認められています（個情法26条2項ただし書）。実務上，ランサムウェア攻撃の事案においては，ランサムウェア攻撃により電子データが暗号化される結果，通知対象となる本人の連絡先の確認が困難となることから，本人通知が困難となる場合として代替措置を講じることが多くみられます。

　個情法ガイドライン（通則編）にて示されている「代替措置」の例は，以下のとおりです。

【代替措置の例 [22]】

事案の公表
問い合わせ窓口を用意してその連絡先を公表し，本人が自らの個人データが対象となっているか否かを確認できるようにすること

22　個情法ガイドライン（通則編）3-5-4-5

　代替措置としての公表については，実務上，自社のHP上に文書を掲載する方法によることが多くみられます（いわゆるウェブ公表）。

　ホームページを開設している法律事務所であれば，そのHP上に文書を掲載する方法が簡便といえます。

Q8-3 サイバーリスクが顕在化した場合に，依頼者または弁護士会に対して報告する必要はありますか？

A 依頼者に対しては，報告が必要な場合がありえます。
所属弁護士会に対しては，法令等に基づく報告義務はないものの，報告することが適切な場合があります。

解説‥‥‥‥‥‥‥‥‥‥‥‥‥‥‥‥‥‥‥‥‥‥‥‥‥‥‥‥‥‥‥‥‥‥‥‥

1 依頼者に対する報告の要否

　漏えい等事故が発生した場合の依頼者に対する報告の要否については，個情法をはじめとする関係する法令，契約上の義務，その他の個別の事情に応じて判断することになります。

　たとえば，漏えい等した依頼者の情報が個情法上の「個人データ」に該当し，依頼者に対して本人への通知（個情法26条2項本文）をしなければならない場合には，かかる本人通知として報告が必要になる場合もあるものと考えられます（個情法上の対応の詳細については本書Q8-2を参照ください）。

　また，依頼者との契約上，漏えい等が発生した場合の報告義務が定められている場合には，当該義務に基づき報告が必要になります。

　さらに，弁護士情報セキュリティ規程7条は，漏えい等事故が発生した場合の対応について，「弁護士等は，取扱情報の漏えい，滅失，毀損等の事故が発生した場合には，その影響範囲の把握に努め，必要に応じ，被害の拡大防止，原因調査，再発防止策の検討その他の措置を講じなければならない」と定めています。同条との関係で依頼者に対する報告が必要になるかについて，「『漏えい等事故』には，取扱情報の漏えいだけでなく，滅失や毀損といった，可用性や完全性に関する類型の事故も含まれる。こうしたあらゆる類型の事故の全てについて，必ず依頼者に報告しなければならないとまではいえない。本条は，

漏えい等事故が生じた場合は，『その影響範囲の把握に努め，必要に応じ，被害の拡大防止……その他の措置を講じなければならない』と定めている。したがって，依頼者への報告が必要かどうかは，当該漏えい等事故の影響範囲等を考慮して個別の事情に応じて判断することになる」とされています[23]。

　また，「漏えい等事故」の解釈について，「依頼者その他の第三者に具体的損害を生じさせる危険がなく，事故とは評価し得ない『事案』については，各弁護士等が依頼者との契約及び『基本的な取扱方法』において対応すべき」とされていることから[24]，同条に基づく依頼者に対する報告の要否の判断においては，依頼者に具体的損害を生じさせる危険があるか否かが考慮要素の１つになるものと考えられます。

2　弁護士会に対する報告の要否

　所属弁護士会に対する報告については，法令等に基づく報告義務はありません。

　ただし，弁護士情報セキュリティ規程７条について，「本条では，取扱情報について『漏えい等事故』が発生した場合に，所属弁護士会に対して必ず報告しなければならないという義務は定めていない。もっとも，影響範囲が広い等の深刻な事案の場合は，所属弁護士会に報告することが適切な場合もあり得る。本条が『必要に応じ……その他の措置を講じなければならない』というところの『その他の措置』には，選択肢の１つとして所属弁護士会への報告も含まれる」とされています[25]。

23　日弁連・解説23頁
24　日弁連・解説23頁
25　日弁連・解説23頁

Q8-4　フォレンジック調査とは何ですか？

A サイバーインシデントの原因を究明するための調査です。
具体的には，攻撃者がいつ・どこから侵入し，ネットワーク内を
どのようなプロセスで探索し，どの電子データを窃取したかなど
といった被害の原因や範囲を明らかにするために実施されます。
フォレンジック調査の結果をまとめた調査結果報告書の内容は，
インシデントレスポンスにおける様々なフェーズにおいて必要に
なります。

解説……………………………………………………………………………

1　フォレンジック調査の概要

　フォレンジック調査は，攻撃者がいつ・どこから侵入し，ネットワーク内を
どのようなプロセスで探索し，どの電子データを窃取したかなどといった被害
の原因や範囲を明らかにするために実施されます。交通事故でたとえていえば，
ドライブレコーダーや監視カメラに記録された映像を収集して客観的・多角的
に事故の原因を明らかにするような調査です。

　フォレンジック調査の結果をまとめた調査報告書の内容は，サイバーインシ
デントについての公表，ステークホルダーへの説明，法的紛争に発展した場合
の主張・立証など，インシデントレスポンスにおける様々なフェーズにおいて
必要になります。

　また，個情法上必要となる個人情報保護委員会への報告の対象に「原因」
（個情法26条1項本文，同法施行規則8条1項4号）が含まれることから，個
情法対応にあたってもフォレンジック調査が重要になります。

　さらに，弁護士情報セキュリティ規程7条は，漏えい等事故が発生した場合
の対応として「再発防止策の検討」も講じなければならない旨定めているとこ

ろ，効果的な再発防止策を検討するにあたってもフォレンジック調査が重要になります。

　このようなフォレンジック調査の重要性から，フォレンジック調査にあたっては，適切なフォレンジック調査を実施できる能力がある調査会社（「フォレンジックベンダー」ともいいます）を選定する必要があります[26]。

　フォレンジック調査が終了すると，調査会社より調査結果報告書（「フォレンジックレポート」ともいいます）が提出されます。

2　調査結果報告書に関する留意事項

　調査結果報告書については，サイバーインシデントの原因や経緯を把握し，ステークホルダーへの説明や効果的な再発防止策の策定等の対応をするうえで，その記載内容が十分であるか，表現上疑義がないかを確認し，疑問点や確認事項がある場合は調査会社にその都度確認することが重要になります。

　また，調査結果報告書については，被害が及んだ関係先から提出を求められたり，ステークホルダーから提起された損害賠償請求訴訟等において証拠として提出したりすることも想定されます。そして，調査結果報告書に記載されたサイバーインシデントの原因，被害の範囲および情報の漏えいの有無に関する記載は，損害賠償責任の有無や第三者の損害の発生の有無を判断するうえでも大きな意味を持ちます。

　こうした観点からも，調査結果報告書は単に受領して終わりにするのではなく，調査会社に対してその専門的・技術的な内容の説明を求めるなどし，調査結果報告書の内容を正確に理解することが重要になります。

3　フォレンジック調査が関係しうる個人情報保護委員会対応

　個人情報保護委員会への報告対象となっている事案では，個人情報保護委員

26　IPA「情報セキュリティサービス基準適合サービスリスト」（最終更新日：2024年4月10日）においては，経済産業省が策定した「情報セキュリティサービス基準」に適合すると認められた事業者の情報セキュリティサービスが公開されており，フォレンジック調査の依頼先を検討するうえでの参考になります。
https://www.ipa.go.jp/security/service_list.html

会から調査結果報告書の提出を求められることがあります。そのうえで，個人
情報保護委員会の担当者から，調査結果報告書の記載内容を踏まえて，報告内
容についての追加質問がなされる場合があります。

　たとえば，調査結果報告書の記載を踏まえ，当該事案の原因の詳細（セキュ
リティ対策を講じていなかった理由等）について具体的に説明するよう求めら
れることがあります。また，調査結果報告書に再発防止策に関して記載されて
いる場合には，当該再発防止策を実施しているか，実施予定はあるか，実施し
ない場合はその理由等を説明するよう求められることがあります。このような
質問に対して適切に回答できるようにするためにも，調査会社に対してその専
門的・技術的な内容の説明を求めるなどし，調査結果報告書の内容を正確に理
解することが重要です。

索　引

【編著者紹介】

八雲法律事務所

サイバーセキュリティ法務に特化した法律事務所。八雲 Security & Consulting 株式会社とともに企業のサイバーセキュリティ体制構築支援やサイバー攻撃を受けた際のインシデントレスポンス支援を専門とする。主な編著として『実務解説 サイバーセキュリティ法』（中央経済社，2023年）

山岡裕明（やまおか・ひろあき）

八雲法律事務所　弁護士　情報処理安全確保支援士
University of California, Berkeley, School of Information 修了（Master of Information and Cybersecurity（修士））。内閣サイバーセキュリティセンター（NISC）タスクフォース構成員（2019〜2020年，2021年〜2022年），総務省・経産省・警察庁・NISC「サイバー攻撃被害に係る情報の共有・公表ガイダンス検討会」検討委員（2022年）。情報セキュリティ文化賞（2024年）。

菊地康太（きくち・こうた）

八雲法律事務所　弁護士　情報処理安全確保支援士　宅地建物取引士　マンション管理士
慶應義塾大学法学部法律学科卒業，京都大学法科大学院中退。西村あさひ法律事務所等を経て現職。慶應義塾大学法学部非常勤講師（商法演習）（2018年〜2023年）。

笠置泰平（かさぎ・たいへい）

八雲法律事務所　弁護士
九州大学法学部卒業，中央大学法科大学院修了。国土交通省大臣官房監察官（2014年〜2017年），公正取引委員会事務総局審査局審査専門官（主査）（2017年〜2019年）。関連論考として「サプライチェーンにおけるサイバーセキュリティ体制構築上の法的留意点」（旬刊経理情報2023年2月10日号）

千葉哲也（ちば・てつや）

八雲法律事務所　弁護士　情報処理安全確保支援士
一橋大学法学部卒業，中央大学法科大学院修了。税務大学校非常勤講師（商法演習）（2021年〜2022年）。関連論考として「サイバーリスク関連情報開示の実務ポイント」（旬刊経理情報2023年5月10日・20日合併号）

町田力（まちだ・つよし）

八雲法律事務所　弁護士　情報処理安全確保支援士
慶應義塾大学法学部卒業，慶應義塾大学法科大学院修了。税務大学校非常勤講師（商法演習）（2022年〜2023年）。関連論考として「サイバーセキュリティ対策を目的としたログ管理の法的留意点－労働法を中心として」（ビジネス法務2023年11月号）

阿部通子（あべ・みちこ）

八雲法律事務所　弁護士　システム監査技術者
国際基督教大学教養学部理学科卒業，東京大学法科大学院修了。
システムエンジニアを経て現職。

上野浩理（うわの・ひろただ）

八雲法律事務所　弁護士
筑波大学社会・国際学群社会学類卒業，山梨学院大学法科大学院修了。検事（2014年〜2023年），東京，松山，鹿児島各地方検察庁，大阪地方検察庁（刑事部，特別捜査部，公安部）。税務大学校非常勤講師（商法演習）（2024年〜）

星野悠樹（ほしの・ゆうき）

八雲法律事務所　弁護士　情報処理安全確保支援士
中央大学法学部卒業，慶應義塾大学法科大学院中退。使用者側人事労務のブティック系法律事務所を経て現職。経営法曹会議会員（2016年〜）。関連論考として「サイバーセキュリティ対策を目的としたログ管理の法的留意点－労働法を中心として」（ビジネス法務2023年11月号）

長野英樹（ながの・ひでき）

八雲法律事務所　弁護士　情報処理安全確保支援士
中央大学法学部卒業，中央大学法科大学院修了。

柏原陽平（かしはら・ようへい）

八雲法律事務所　弁護士　情報処理安全確保支援士
関西学院大学法学部卒業，中央大学法科大学院修了。
総合商社を経て現職。税務大学校非常勤講師（商法演習）（2023年〜）。関連論考として「サイバーリスク関連情報開示の実務ポイント」（旬刊経理情報2023年5月10日・20日合併号）

畔柳泰成（くろやなぎ・たいせい）

八雲法律事務所　弁護士　情報処理安全確保支援士
京都大学法学部卒業，京都大学法科大学院修了。個人情報保護委員会に出向中（2024年5月〜）。セキュリティ認証取得コンサルタントとしても活動。

小林尚通（こばやし・なおみち）

八雲法律事務所　弁護士　宅地建物取引士
中央大学法学部法律学科卒業。

大友雅則（おおとも・まさのり）

八雲法律事務所　弁護士
明治大学法学部卒業，中央大学法科大学院修了。

法律事務所のサイバーセキュリティQ&A

2024年7月10日　第1版第1刷発行

編著者　八 雲 法 律 事 務 所
発行者　山　　本　　　　　継
発行所　㈱中 央 経 済 社
発売元　㈱中央経済グループ
　　　　パ ブ リ ッ シ ン グ

〒101-0051　東京都千代田区神田神保町1-35
電話　03 (3293) 3371 (編集代表)
　　　03 (3293) 3381 (営業代表)
https://www.chuokeizai.co.jp

印刷／文唱堂印刷㈱
製本／㈲井上製本所

© 2024
Printed in Japan

インターネット権利侵害者の
調査マニュアル

八雲法律事務所 [編]

山岡裕明／杉本賢太／千葉哲也 [著]

A5判／140頁

　昨今増加しているネット・SNS上の誹謗中傷などの権利侵害者を特定する方法を解説。WHOIS検索などを活用した技術的手法や弁護士照会などの法的アプローチをフォロー。

本書の内容

第1章　基礎編
技術的アプローチ／法的アプローチ
第2章　実践編
事例別調査手法／
第3章　書式集
CDNサービスに対する仮処分手続など

　インターネット権利侵害者の調査マニュアル
SNS投稿者から海賊版サイト管理者の特定まで

八雲法律事務所 [編]
山岡裕明・杉本賢太・千葉哲也 [著]

日本ハッカー協会
推薦図書

インターネット法務の
最前線で活躍する弁護士らが、
ネット権利侵害者の調査方法を徹底解説。
ハッカー視点からみても有用なノウハウが
満載の1冊。

中央経済社

中央経済社

会社法施行規則・会社計算規則を完全収録！

「会社法」法令集 第十四版

中央経済社 編　A5判·744頁　定価3,740円（税込）

- ◎重要条文ミニ解説
- ◎会社法－省令対応表　｜付き
- ◎改正箇所表示

令和4年9月1日までの法令改正を反映した最新版。令和元年改正会社法の改正箇所を施行日ごとに色分け表記し、条文理解を助ける「ミニ解説」を加筆。実務必携の一冊！

会社法 法令集 第十四版
改正会社法、
会社法施行規則、
会社計算規則等の
最新法令と、実務に役立つ解説
中央経済社

本書の特徴

◆会社法関連法規を完全収録
☞ 本書は、平成17年7月に公布された「会社法」から同18年2月に公布された3本の法務省令等、会社法に関連するすべての重要な法令を完全収録したものです。

◆改正箇所が一目瞭然！
☞ 令和元年改正会社法の2つの施行日（令和3年3月1日、同4年9月1日）ごとに改正箇所を明示。どの条文がどう変わったか、追加や削除された条文は何かなどが一目でわかります！

◆好評の「ミニ解説」さらに充実！
☞ 令和4年9月1日施行の改正箇所を中心に、重要条文のポイントを簡潔にまとめた「ミニ解説」の加筆・見直しを行いました。改正が実務にどう反映されるかがわかります！

◆引用条文の見出しを表示
☞ 会社法条文中、引用されている条文番号の下に、その条文の見出し（ない場合は適宜工夫）を色刷りで明記しました。条文の相互関係がすぐわかり、理解を助けます。

◆政省令探しは簡単！条文中に番号を明記
☞ 法律条文の該当箇所に、政省令（略称＝目次参照）の条文番号を色刷りで表示しました。意外に手間取る政省令探しもこれでラクラク。

中央経済社